Almut Spänse
7. 78

16.80214

HOMILETISCHE ARBEITSGRUPPE

Heribert Arens · Franz Richardt · Josef Schulte

KREATIVITÄT
UND PREDIGTARBEIT

VIELSEITIGER DENKEN
EINFALLSREICHER PREDIGEN

CLAUDIUS VERLAG MÜNCHEN

3. Auflage 1977
© 1974 by Claudius Verlag GmbH München
Alle Rechte, auch die des auszugsweisen Nachdrucks,
der photomechanischen Wiedergabe und der Übersetzung, vorbehalten.
Umschlagentwurf Werner Richter
Satz und Druck Claudius Verlag München
ISBN 3/532/71312/8

INHALT

Schwerpunktarbeit und Delegation — Berufs-
freude — Lust an Experimenten — Offenheit und
Mitteilungswille — Bequemes oder interessantes
Leben?

Tip für den Leser

Beispiele für die Predigt und Pre-
digtbeispiele sind durch Schräg-
schrift hervorgehoben.

Einfälle kann man zwar nicht machen,
wohl aber kann man sich ihnen verschließen.

Rudolf Bohren

Gut predigen war wohl schon immer schwer. Manche finden, es sei heute so schwer geworden, daß man ‚eigentlich'
nicht mehr predigen könne. Dafür gibt es viele und zuletzt
doch nur einen Grund: zum Predigen braucht es Phantasie.
Phantasie, sowohl den ‚Text' zu lesen, den uns die Welt
darbietet, in welcher wir alle leben, als auch den Text der
Bibel. Und nun gar diese beiden Texte so zu lesen, daß
dabei einer am andern zum Reden kommt: dazu ist eine
Phantasie nötig, die in der Tat nicht ganz alltäglich ist:
eine, die mit dem genauen und aufmerksamen Verstand
der Liebe hinhört.

Robert Leuenberger

Vorwort

Wir kennen einen Kollegen, über dessen Predigten wir uns immer freuen. Warum eigentlich?

Unter dem Eindruck dieses Predigers und auf Grund der Diskussion von Predigtentwürfen, an denen wir Freude hatten, ging uns auf: Erfrischende Predigten leben von guten Ideen, von Vorstößen ins Überraschende und Unerwartete.

Ist solche Predigtarbeit lehrbar? Kann man praktikable Modelle ideengesteuerter Predigtvorbereitung entwickeln, um sie Predigern zugänglich zu machen? Oder muß man ein Naturtalent sein?

Die Kreativitätsforschung hält eine Antwort bereit: Jeder Mensch ist schöpferisch; Kreativität kann man trainieren; es gibt Methoden der Ideenfindung — auch für die Predigt. In dem vorliegenden Buch versuchen wir, Erkenntnisse der Kreativitätsforschung für die Predigtarbeit fruchtbar zu machen.

Als Team von drei Homiletikern, die als Mitglieder des Franziskanerordens zusammen wohnen, leben und arbeiten, hatten wir die Chance, dieses Buch gemeinsam zu konzipieren, zu diskutieren und zu formulieren.

Unsere Arbeit wurde befruchtet durch die Lehrveranstaltung „Kreativität und Predigtarbeit", die wir im Sommersemester 1973 an der Philosophisch-Theologischen Hochschule der Franziskaner und Kapuziner Münster durchgeführt haben. Sie wurde ergänzt durch zahlreiche Anregungen aus homiletischen Werkwochen, in denen wir mit Pfarrern verschiedenen Alters die praktischen Modelle erprobt haben. Frau Gisela Büttner, die das Manuskript durchgesehen hat, danken wir für manche gute Anregung.

Ein guter Zufall wollte es, daß wir als katholische Homiletiker, die der evangelischen Homiletik viele Impulse verdanken, unser Buch im Claudius Verlag erscheinen lassen. Wir verbinden damit die Hoffnung, den Austausch zwischen katholischer und evangelischer Homiletik zu intensivieren.

Münster, 31. Oktober 1973

Homiletische Arbeitsgruppe
Heribert Arens
Franz Richardt
Josef Schulte

I. Die Predigt als Erschließungsprozeß

1. DAS SONNTÄGLICHE BILD

„Pfarrer M. ist ein ausgezeichneter Prediger!" — „Wir freuen uns immer, wenn Vikar N. predigt!" — „... und wir fahren sonntags immer nach R., weil dort Pfarrer D. predigt!" Wann fühlen sich Hörer gedrängt, solche Aussagen zu machen? Sicherlich nicht, wenn auf den Prediger folgende Beschreibung zutreffen kann:

„Mit leichtem Tremolo er stammelt:
Wir ... alle ... sind ... heut ... hier ... versammelt!
Der Hörer denkt sich: Meiner Treu,
das wußt ich nicht, das ist mir neu!
Und dann: Das Evangelium von heut ...
Ach, wie sich der Hörer freut,
daß nun noch einmal wiederkehrt,
was vor Minuten er gehört.
Er meutert nicht, er ist ja brav,
und hält nun seinen Kirchenschlaf."[1]

Ohne Schmunzelwert, nüchtern und ernüchternd sagt Gerhard Ebeling das Gleiche mit anderen Worten: „Es gehört eine ziemliche Portion guten Willens dazu, angesichts des durchschnittlichen Predigtgeschehens nicht gelangweilt oder zornig, sarkastisch oder tieftraurig zu werden. Was wird landauf landab für ein Aufwand für die Verkündigung des christlichen Glaubens getrieben! Aber ist es nicht — von Ausnahmen abgesehen — die institutionell gesicherte Belanglosigkeit?"[2] Vielleicht liegt es daran, daß in der Predigt zu viel an biblischen, theologischen, liturgischen oder

---

[1] G. Mross: Die Ballade vom braven Homileten, in: Der Prediger und Katechet 110 (1971) 231.
[2] G. Ebeling: Das Wesen des christlichen Glaubens, Tübingen 1959, 9.

auch kulturgeschichtlichen Inhalten reproduziert, und zu wenig produziert wird von jenem 5. Evangelium, das in unserer Zeit und für unsere Zeit geschrieben und gesagt sein will?[3]

Vielleicht liegt es daran, daß viele Prediger den beschwörenden Aufruf Sidney Carters' nicht vernehmen:

> „Dein frommes Hörensagen
> ist nicht überzeugend:
> Bring mir die gute Nachricht
> für die Gegenwart!
>
> Was damals war
> vor neunzehnhundert Jahren —
> vielleicht ist's nicht gewesen:
> wie soll ich das wissen?
>
> Das wirklich Heutige
> möcht' ich gern spüren.
> Ich kann nicht leben vom:
> Es war einmal.
>
> So mach' die Bibel zu und
> zeig' mir, wie
> der Christus, den du meinst,
> in diesen Tagen lebt."[4]

2. WER IST EIN GUTER PREDIGER?

Wann also sagen Hörer: „N. N. ist ein guter Prediger!"? So offen diese Frage ist, so vielseitig fallen die Antworten aus:

Ein guter Prediger? — „Wer aktuell ist und zeitgemäß predigt über Fragen, die heute auf den Nägeln brennen..."

Ein guter Prediger? — „Wer konkret wird: § 218, Umweltschutz, Mietwucher..."

Ein guter Prediger? — „Wem man anmerkt, daß er mit seiner Person hinter dem steht, was er sagt."

---

[3] Vgl. H.-D. Bastian: Verfremdung und Verkündigung, München 1967, 11 f.

[4] E. Lange (Hrsg): Zur Theorie und Praxis der Predigtarbeit, Stuttgart 1968, 7.

Ein guter Prediger? – „Wer wirklich Theologisches zu sagen hat und nicht humanes Allerweltsgeschwätz."

Ein guter Prediger? – „Wer so predigt, daß ich davon etwas mitnehmen kann: ‚Brot für die ganze Woche'!"

Ein guter Prediger? – „Wer angenehm spricht, so daß man mit einem gewissen Lustgefühl zuhört!"

Ein guter Prediger? – „Wer Langeweile verscheucht und Interesse, Betroffenheit und Begeisterung auslöst."

In diesen Antworten spiegeln sich Erwartungen, die Hörer an Prediger stellen. Dabei finden sich Wünsche, die sich nur auf das „delectare" richten. Die zentralen Erwartungen zielen jedoch dahin, daß der Prediger den Glauben nicht am Leben vorbei, nicht über die Köpfe hinweg, sondern in das heutige Leben hineinverkündet: „Mach die Bibel zu und zeig mir, wie der Christus, den du meinst, in diesen Tagen lebt."

Das aber ist eine schöpferische Leistung, ebenso schöpferisch wie die Erfindung technischer Geräte, die Neukonstruktion eines Automodells unter Wahrung der bewährten Prinzipien der Firma, so schöpferisch wie eine neue Dichtung in der strengen Form des Sonetts.

Wann also sagen Predigthörer: „N. N. ist ein guter Prediger!"?

Wir antworten mit der These:

Ein guter Prediger ist jemand, der kreativ ist im Hinblick auf seine Predigtideen und -entwürfe.

Was aber heißt das?

Vergleichen wir den guten Prediger mit einem Beleuchter beim Theater, der durch gekonnte, genaue und sparsame Lichtführung einen Gegenstand oder eine handelnde Person auf der Bühne in einem ganz bestimmten Licht erscheinen läßt, so daß ein besonderes Profil, ein neuer Aspekt sichtbar wird, der bis dahin noch im Dunkeln lag oder wenigstens nicht so zur Wirkung kam wie in diesem Augenblick. Der ins Licht gerückte Zusammenhang, früher vielleicht schon einmal von diesem oder jenem Zuschauer erahnt oder wahrgenommen, erscheint in einer Perspektive, die beim Anblick Überraschung, Aufmerksamkeit oder gar Betroffenheit auslöst. Ein guter Prediger ist derjenige, der es immer wieder neu versteht, durch gekonnte Lichtführung, durch spezielle Lenkung der Aufmerksamkeit den Hörern etwas ins Bewußtsein zu rücken, das für sie den Charakter eines „Aha"-Erlebnisses hat.

Sagen wir es noch anders: Eine gute Predigt ist ein Erschließungsvorgang, der beim Hörer ausgelöst wird. Das sprachphilosophische Fachwort eines solchen Vorgangs heißt „disclosure"[5]. In engem Anschluß an seinen Lehrer I. T. Ramsey verdeutlicht W. de Pater „disclosures" an folgendem Beispiel: Ein Lehrer zeichnet eine Anzahl regelmäßiger Vielecke mit stets größer werdender Seitenzahl an die Tafel: ein Dreieck, Viereck, Fünfeck, Sechseck usw. Was ist das Ergebnis? Die einfachste Antwort lautet: Eine Häufung von Vielecken! Und das ist richtig. Aber es kann auch sein, daß in irgendeinem Moment jemand von etwas anderem getroffen wird, daß er anderes hinter den Vielecken sieht, daß ihm anderes enthüllt (disclosed) wird. Ein Schüler, der weiß, was ein Kreis ist, wird sich bei irgendeinem Vieleck dieser Reihe sagen: „Aha, das läuft auf einen Kreis hinaus." Eine neue Erfahrung bricht durch. Diese neue Erfahrung knüpft an eine konkrete und nachprüfbare Erfahrung an, übersteigt sie jedoch. Der Schüler erlebt, ausgehend von Bekanntem, etwas qualitativ Neues[6]. Das Typische dieses Beispiels, das auf Ramsey zurückgeht, ist: Die Erfahrungswirklichkeit „Vieleck" wird so konsequent in ihren Möglichkeiten durchgespielt, daß eine neue Erfahrungswirklichkeit „Kreis" in den Blick kommt. Ähnlich kann die Predigt Erschließungsvorgänge ermöglichen. Die Dimensionen neuer Erfahrungswirklichkeit in der Predigt lassen sich in folgendem Schema darstellen:

---

[5] W. A. de Pater: Theologische Sprachlogik, München 1971, 20.
[6] W. A. de Pater: Theologische Sprachlogik, München 1971, 20.

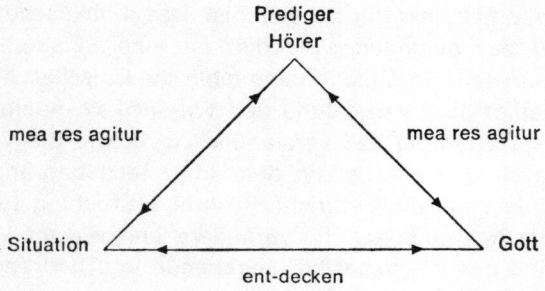

Prediger
Hörer

mea res agitur — mea res agitur

Situation — Gott

ent-decken

Der Ausgangspunkt einer disclosure kann an jeder Ecke dieses Dreiecks sein.

Sie kann beginnen bei Gott und seiner Botschaft. Ich denke sie konsequent weiter, bis auf einmal „das Eis bricht, der Groschen fällt, ein Licht aufgeht" und ich entdecke: „Hier wird von meinem Leben gesprochen!"

Sie kann bei einer Situation beginnen. Im Durchdringen der Situation stoße ich zu Gott vor. Oder ich entdecke, ausgehend von Situationen: „Das sind nicht nur die anderen, das bin ich!"

Oder ich gehe von mir als Hörer aus und entdecke, daß dies nicht nur mein Problem ist, sondern das Problem aller! In alle eingezeichneten Pfeilrichtungen sind homiletisch disclosures möglich. Innerhalb dieser Beziehungen kann die Predigt zum Erschließungsvorgang werden.

Manche Predigten werden deswegen als langweilig und hohl empfunden, weil der Hörer mit seinem konkreten Alltag darin nicht vorkommt. Ein guter Prediger macht sich immer zum Anwalt beider Größen: zum Anwalt des Textes und zum Anwalt des heutigen Hörers und seiner Situation. Infolgedessen ist für die Predigt nicht nur der isolierte Bibeltext wesentlich, sondern auch die Lebenswirklichkeit hier und heute, die im Spiegel des Wortes Gottes gesehen und gedeutet wird. Die Lebenswirklichkeit hier und heute ist nicht nur „Aufhänger" (ein schreckliches Wort) oder Aufmerksamkeitsfänger. Sie hat ihren berechtigten Platz nicht nur in der Einleitung (der Predigt), sondern in der gesamten Predigt. Im Bild gesprochen: Die Situation des Hörers ist nicht ein Punkt auf der Peripherie des Kreises, dessen Mittelpunkt der Bibeltext ist. Das didaktische Röntgenbild der gelungenen Predigt ist eine Ellipse, deren Brennpunkte Hörersituation und biblische Botschaft heißen. Die Predigt hat „Verheißung und Wirklichkeit miteinander zu versprechen, so daß verständlich wird, wie die Verheißung auch und gerade die den Hörer jetzt bedrängende Wirklichkeit betrifft, aufbricht, in ihrer Bedeutung für ihn, in ihrem Anspruch auf ihn verändert, und wie umgekehrt auch und gerade diese ihn umgebende und bedrängende Wirklichkeit im Licht der Verheißung auf eine eigentümliche Weise für Gott, für den Glauben und seinen Gehorsam in Liebe und Hoffnung zu sprechen beginnt"[7].

„Wunderbar!" — sagt sich der Praktiker — „Aber wie mache ich es, diesen Erschließungsvorgang immer neu herzustellen?" Um das zu beantworten, gehen wir folgenden Fragen nach:

1. Wie ist ein solcher Erschließungsprozeß einzuleiten — oder, wie die Lernpsychologie sagt, zu konditionieren?
2. Welchen psychologischen Prinzipien unterliegen solche Prozesse?
3. Unter welchen Bedingungen kann ein origineller Predigtentwurf entstehen?

3. DIE BISOZIATION

Rufen wir uns noch einmal die Antwort auf unsere Ausgangsfrage „Wer ist ein guter Prediger?" ins Gedächtnis. Was ist in dieser Antwort passiert?
Gedankenmaterial aus einem völlig anderen Bereich (Beleuchter beim Theater) wurde verwandt. Die Lichtführung des Beleuchters beim Theater und das Tun des Predigers sind zwei völlig verschiedene Bereiche. Indem aber diese beiden auseinanderliegenden Bereiche einander angenähert und überlagert werden, kommt plötzlich etwas Neues in Sicht: Predigt = Erschließungsvorgang. Dieses Prinzip der Verknüpfung bzw. Überlagerung liegt jedem kreativen Akt zugrunde. Mit anderen Worten: Der wesentliche Faktor im kreativen Prozeß ist die Verknüpfung bisher getrennt

---

[7] E. Lange: Die verbesserliche Welt, Stuttgart 1968, 94.

gesehener Gedankenkreise, das In-Beziehung-Setzen zweier verschiedener Bezugssysteme. Man nennt diesen Faktor die Bisoziation — von A. Koestler als das Wesentliche des schöpferischen Aktes bezeichnet.

Dasselbe ist gemeint, wenn man in der Kreativitätspsychologie von Synektik spricht. Auch dieses Wort ist eine Neuschöpfung, zusammengesetzt aus den griechischen Wörtern syn = zusammen und écho = haben. Gemeint ist das „Zusammenbringen des Auseinanderliegenden". Die von William Gordon entwickelte „Synektische Methode" ist eine Methode der Ideenfindung in einem Team, das sich z. B. zusammensetzen kann aus einem Werbefachmann, einem Architekten, einem Theologen, einem Psychologen o. a... 5 bis 7 Personen versammeln sich in einem möglichst gemütlichen und komfortablen Raum. Um die irrationalen und gefühlsmäßigen Kräfte der Gruppe mitwirken zu lassen, muß sich der einzelne wohlfühlen und den Eindruck haben: Hier wird nichts Schweres oder gar Lästiges von dir verlangt, sondern etwas, das Spaß macht und die Lust am Unbekannten steigert. Ziel dieser synektischen Technik ist das Finden einer „eleganten" Lösung. Elegante Lösungen fordern allerdings die Erwägung vieler neuer Zugänge. Darum vollzieht sich der synektische Prozeß in zwei Phasen: 1. Das Fremde wird vertraut gemacht; 2. Das Vertraute wird wieder fremd gemacht, d. h. aus einer völlig anderen Sicht betrachtet[8].

Viele Erfindungen und Entdeckungen beruhen auf der Bisoziation. So z. B. die Entdeckung des Archimedes, das Volumen einer unregelmäßigen goldenen Krone zu bestimmen[9]. Archimedes, der lange über diesem Problem gebrütet hatte, fand plötzlich die Lösung: Er beobachtete, daß sich der Wasserspiegel hob, als er ins Bad stieg. Sein „Heureka" — ich hab's gefunden! — wurde zum Signal der Illumination innerhalb kreativer Prozesse. Die Lösung des Problems hatte sich bei Archimedes so eingestellt: Er übertrug die Beobachtung beim Baden auf das ihn quälende Problem, das Volumen unregelmäßiger Körper zu bestimmen. — Ein anderes Beispiel: Städteplaner und

---

[8] E. Landau: Psychologie der Kreativität, München 1971, 100.
[9] U. Beer u. W. Erl: Entfaltung der Kreativität, Tübingen 1972, 18 f.

Architekten kamen auf die Idee zu fragen: Wie lösen Ameisen, Bienen, Störche oder Füchse ihre Wohnungsprobleme? Durch diese Fragestellung gewannen sie aus der Konstruktion von Bienenwaben, Ameisenhaufen, Fuchsbauten und Vogelnestern architektonische Impulse für den Städte- und Wohnungsbau der Zukunft.

Zur Technik der Problemlösung durch Bisoziation noch ein ausführliches Beispiel:

Ein Team beschäftigt sich mit dem Problem: „Wie kann man Mitarbeiter für den Besuch von Fortbildungskursen motivieren?" Als Bild wurde „Küken im Ei" gewählt. Die Gruppe beschrieb und analysierte das Bild folgendermaßen: „Das Küken befindet sich in der schützenden Hülle des Eis und bezieht Nahrung vom Eiinhalt. Nach einer bestimmten Zeit wird die Hülle zu eng, und das Küken beginnt, sich gegen den Widerstand der Schale zu stemmen. Mit dem Schnabel schlägt es gegen die Kalkhülle und bricht sie auf. Mit großer Anstrengung verläßt es die schützende Hülle und begibt sich in eine neue Umwelt. Es muß auf eigenen Beinen stehen und sich behaupten. Es beginnt zu wachsen und sich zu entwickeln."

Das Verknüpfen dieses Bildes mit dem Problem der Mitarbeitermotivierung läßt zu folgenden Lösungsformulierungen finden:

1. Durch Weiterbildung verläßt man seinen eigenen Bereich und stößt in neue geistige Bereiche vor.
2. Durch Weiterbildung wird man anderen überlegen.
3. Durch Weiterbildung geht man Risiken ein, die aber die Chance für völlig neue berufliche Möglichkeiten schaffen.
4. Ohne Weiterbildung ist man eingeengt, abhängig und wenig lebensfähig. Man lebt quasi in einer Zwangsjacke, quasi in einem Ei.
5. Ohne Weiterbildung baut man sich selbst den Kerker aus Kalk[10].

Ein Bild braucht gar nicht besonders „ausfallend" oder besonders kompliziert zu sein. Entscheidend ist, daß sich

---

[10] F. H. Quiske, S. J. Skirl, G. Spiess: Denklabor team, Stuttgart 1973, 67.

die Gruppe bzw. der einzelne genügend in das Bild hineindenkt und Spaß daran findet, es auseinanderzufalten. Dieses gelingt häufig schon dadurch, daß man das Bild ausführlich beschreibt (vgl. Küken im Ei!).

Die Lösung des Problems liegt gleichsam in der 3. Dimension. Es kommt darauf an, die neue Dimension zu finden, in der die Lösung zu suchen ist.

Eine bedeutsame Beobachtung bei kreativen Prozessen ist jedenfalls die, daß die Lösung nicht aus dem „Nichts" kommt, sondern sehr wohl auf Vorbereitetem aufbaut. „Das Glück bevorzugt den vorbereiteten Geist" (Louis Pasteur).

4. DIE BISOZIATIONSTECHNIK
   IN DER PREDIGTVORBEREITUNG

Viele Prediger stehen in der Situation, daß ihnen bei ihrem vorgegebenen Predigtthema die üblichen christlichen Erfahrungsmuster einfallen. Um so notwendiger ist es für sie, die gewohnten Denkgleise zu durchbrechen. Die dazu notwendigen Ideen werden durch Bisoziationen geboren, durch Verbinden ursprünglich getrennter Bezugssysteme. Die zentrale, zum Wesen der Homilie vordringende Bisoziation ist die von Text und Situation. Um dieses Zentrum ranken sich eine Fülle von Bisoziationsmöglichkeiten. Das folgende Schaubild stellt verschiedene Möglichkeiten homi-

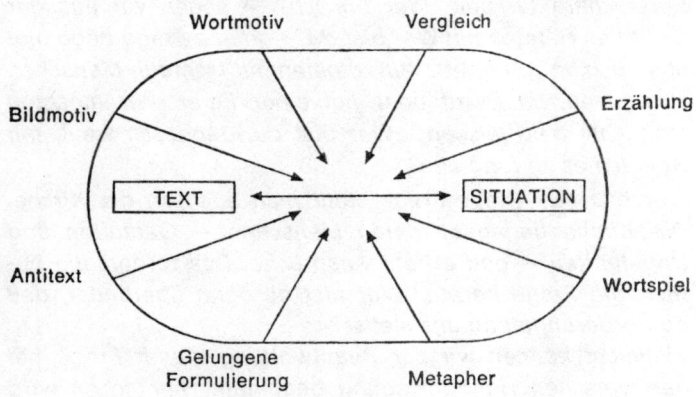

21

letischer Bisoziation vor und will gleichzeitig zum Spiel mit diesen Möglichkeiten anregen:
Solche Bisoziation kann sich auf die Makrostruktur der Predigt beziehen; sie kann die Geburt der Schlüsselidee der ganzen Predigt sein. Solche Bisoziationen können aber auch den Mikrostrukturen der Predigt dienen.

Zwei Beispiele:
Beispiel 1: Eine Predigt

Vorbemerkung: Die nachfolgende Predigt verbindet die Textaussage: „Meine Aufgabe ist es, auf Christus hinzuweisen!" mit dem Bildmotiv der typischen Handbewegung. Diese Bisoziation bestimmt gleichzeitig die formale Gestaltung: die typische Handbewegung als roter Faden der Predigt.

„Was bin ich?" − das ist der Titel einer beliebten Quizsendung im deutschen Fernsehen. Ein Rateteam, zwei Damen und zwei Herren, sucht mit scharfsinnigen Fragen Berufe von Menschen herauszufinden. Der Kandidat, dessen Beruf erraten werden soll, schreibt seinen Namen an die Tafel und kreuzt an, ob er selbständig oder angestellt ist. Anschließend muß er mit einer für seinen Beruf typischen Handbewegung dem Rateteam eine Anregung geben. Wer sich als Kandidat für eine solche Sendung meldet, muß sich vorher sehr genau überlegen, wer er ist, was für seinen Beruf typisch ist, welche Handbewegung seinen Beruf charakterisiert. Wer bin ich? − sagen wir aus der Sicht des Rateteams: Wer bist du? − diese Frage begegnet uns auch im Alltag oft. Wir kommen mit fremden Menschen zusammen, im Beruf oder bei einer Feier. Wir möchten möglichst bald wissen: „Wer bist du, damit ich weiß, mit wem ich es zu tun habe?"

Wer bist du? Diese Frage stellt man auch an die Kirche. Die Kirche begegnet vielen Menschen − Getauften und Ungetauften − und erhebt Ansprüche. Das fordert die berechtigte Frage heraus: Wer bist du denn überhaupt, daß du Forderungen an uns stellst?
Vielleicht können wir zur Beantwortung dieser Frage bei der typischen Handbewegung beginnen. Hier schon wird

es schwierig. Welche Handbewegung ist typisch für die Kirche? Viele würden spontan sagen: der erhobene Zeigefinger. Das ließe den Schluß zu: „Dann bist du eine Moralinstitution!" Die Kirche würde sich wahrscheinlich dagegen wehren: „Zwar gebe ich den Menschen Hinweise, wie sie leben sollen, was erlaubt und nicht erlaubt ist. Aber das ist nicht meine Hauptaufgabe." Andere würden spontan als typische Handbewegung das Herumreichen des Klingelbeutels nennen. Auch dagegen würde sich die Kirche wehren: „Wir sammeln zwar jeden Sonntag Geld und brauchen es für viele gute Zwecke. Das ist eine wichtige Sache, aber nicht unsere Hauptaufgabe." Man kann sich viele Versuche einer typischen Handbewegung vorstellen: Hände, die segnen; Hände, zur Faust geballt, die auf den Tisch hauen, um zu sagen: „So nicht!"; Hände, die Kranke pflegen; stabtragende Hände; weihräuchernde Hände. Überall würde die Kirche sagen: „Das ist zwar ein Teil von mir, aber nicht das Zentrale und Typische." Wer bist du? – diese Frage wird verschärft, wenn man immer nur erfährt: „Das bin ich nicht." Wer also ist die Kirche? Sie soll uns eine positive Antwort geben auf die Frage: Wer bist du?

Dann könnte die Kirche folgendes antworten: „Die für mich typische Handbewegung finde ich auf einem berühmten Gemälde dargestellt. Es ist das Kreuzigungsbild des Isenheimer Altares von Matthias Grünewald. Auf diesem Kreuzigungsbild hat der Maler Johannes den Täufer unter das Kreuz gestellt — historisch unzutreffend, denn zu Beginn des Wirkens Jesu wurde Johannes ermordet. Der Maler wollte also eine Aussage machen: Johannes hatte den Auftrag, auf Christus, der sich selber für die Menschen hingibt, hinzuweisen und wie ein Herold ihn anzukündigen. Grünewald hat dies durch den ausgestreckten Finger zum Ausdruck gebracht, der übergroß auf den Gekreuzigten hindeutet. Gerade durch diese historische Verzerrung macht Grünewald Johannes zum Leitbild der Kirche, denn neben dem Kreuz kann nur die Kirche stehen. Auf den gekreuzigten und auferstandenen Herrn, der am Ende der Tage wiederkommt, kann nur die Kirche hinweisen. Das ist ihre typische Handbewegung: eine hinweisend ausgestreckte

Hand. Solange der Herr noch bevorsteht — und da stehen Johannes und die Kirche in der gleichen Situation —, kann die Aufgabe der Kirche nur sein: auf den Herrn hinzuweisen, die Hoffnung, die seine Wiederkunft gibt, weiter zu geben, die Freude, die aus dieser Hoffnung kommt, allen zu vermitteln.

Das gelingt der Kirche nicht immer, ohne Frage! Gründe dafür gibt es viele! Einer dieser Gründe ist, daß die Christen noch nicht gelernt haben, „wir" zu sagen, wenn es um die Kirche geht. Kirche, das sind „die": die anderen, die Bischöfe, der Papst und die Hierarchie. — Wir sind Kirche, jeder von uns. Unsere Aufgabe besteht darin, von Christus Zeugnis zu geben. Wie das aussehen kann, soll nur an einem Beispiel verdeutlicht werden. Wir versuchen zwar oft, mit Gott zu sprechen, aber viel zu wenig, miteinander über Gott zu sprechen. Jeder steht mit seinem Glauben allein. Die Kirche könnte ihren Auftrag besser erfüllen, wenn wir den Mut hätten, öfter über Gott zu sprechen, darüber, was er uns bedeutet, wo wir ihn erleben. Wenn die Christen versuchen, so miteinander auf Gott hin unterwegs zu sein, werden sie zu einem lebendigen Zeichen Gottes in dieser Welt und erfüllen den Auftrag der Kirche, auf Christus hinzuweisen.

Beispiel 2: Hinführung zu einem Gleichnis

Ein Spiegel ist im Leben eine nützliche Sache. Wer wissen möchte, wie er aussieht, wer prüfen möchte, ob er so bleiben kann oder noch ein wenig an sich tun muß, der greift nach einem Spiegel. Schmerzlich dagegen kann es sein, wenn — wie wir sagen — einem der Spiegel vorgehalten wird und man hineinschauen muß. Ein solcher Spiegel besteht in den wenigsten Fällen aus Glas, sondern aus einem anderen Stoff: aus Worten, aus Beobachtungen, aus Anekdoten und Gleichnissen.

In der Bibel stehen viele solcher Gleichnisse, in denen uns Menschen ein Spiegel vor das Gesicht gehalten wird. Es ist nur schade, daß sich auf diesem Spiegel schon der Staub der Gewöhnung festgesetzt hat, so daß dieser Spiegel auf uns schon kaum mehr die Wirkung eines Spiegels ausübt ...

Zusammenfassung der methodischen Schritte:

1. Schritt: Problemdefinition. Ein Problem wird genau formuliert. Je klarer das Problem bewußt ist, desto schärfer ist das Suchbild für die Lösungsfindung programmiert.

2. Schritt: Sammeln von zahlreichen Bildern oder Wortmotiven etc. (vgl. Schema S. 21). Anschließend Auswahl eines Bildes und Entfaltung.

3. Schritt: Überlagerung des Bildes mit dem Problem. Ausfaltung der Lösungsmöglichkeit.

II. Der kreative Prozeß

1. Die Präparationsphase
2. Die Inkubationsphase
3. Die Illuminationsphase
4. Die Verifikationsphase

Bisoziation ist das Ziel kreativer Prozesse. Wie aber sieht der Verlauf solcher Prozesse aus? E. Landau unterscheidet vier Phasen, in denen sich der kreative Prozeß abspielt: 1. Vorbereitungsphase, 2. Inkubationsphase, 3. Illuminationsphase, 4. Verifikationsphase[11]. Dieses vierstufige Modell geht bereits auf H. Poincare zurück. Es hat bei der Mehrheit der Kreativitätstheoretiker Anerkennung gefunden. Landau beschreibt es mit folgenden Worten: „Die Vorbereitungsphase umfaßt die Wahrnehmung eines Problems und die Ansammlung der Information, die das Problem betreffen. Die Inkubationsphase ist eine Wartezeit, in der unbewußt nach einer Lösung gesucht wird. In der Illuminationsphase erfolgt die plötzliche Einsicht in die Lösung. Verifikation und Überprüfung finden in der vierten Phase statt."[12] Dieses Phasenmodell läßt sich auf die Arbeit an der Predigt übertragen[13]. (Josuttis hat das Verdienst, als erster auf die Bedeutung der Kreativitätsforschung für die Homiletik aufmerksam gemacht zu haben!)

1. DIE PRÄPARATIONSPHASE

> Man soll empfindend sein,
> nicht empfindsam. (Tucholsky)

Der amerikanische Psychologe J. B. Guilford war es, der darauf aufmerksam gemacht hat, daß kreative Menschen besonders leicht auf ungewöhnliche Dinge aufmerksam werden und bemerken, wo Probleme liegen. Wer kein Prolem sieht, findet auch keine Lösung. Nur wem ein Problem auffällt, dem können Ideen und sachgerechte Lösungen

---

[11] E. Landau: Psychologie der Kreativität, München 1971, 61.
[12] E. Landau: a. a. O. 62.
[13] M. Josuttis: Über den Predigteinfall, in: Ev. Theol. 30 (1970) 627—642.

26

dazu einfallen. Deshalb ist das Finden von Problemen ebenso wichtig wie das Finden von Lösungen.

Hier nun liegt ein Kardinalproblem des Predigens: Wieweit werden Probleme von Predigern selbständig entdeckt und nicht nur an sie herangetragen durch die kirchlich vorgegebenen Themen, in denen durch Kirchenjahr und Perikopenordnung ein mehr oder weniger festumrissener Antwortenkatalog vorgegeben ist? Die von Ch. Bartels dringend geforderte Verständigung darüber, wo die Probleme heute wirklich liegen, muß sowohl in der katholischen wie der evangelischen Kirche noch intensiver gefördert werden[14], damit die Aussage der Hamburger Psychologin M. Hausmann in einem Rundfunkinterview nicht wahr bleibt: „In der Kirche beschäftigen sich zu viele Leute mit zu viel Aufwand mit zu unwichtigen Problemen." Probleme können bewußt werden durch Beobachtungen, Bücher, Gespräche, Fernsehen, moderne Literatur usw., ebenso durch die obengenannten theologischen Anlässe, oder durch ein Gespür für das, was „in der Luft liegt".

Für die konkrete Predigt beginnt die Vorbereitungsphase mit der Auswahl des Problems. Eine intensive Beschäftigung mit dem Problem, das in der Predigt angesprochen werden soll, ist entscheidend für die Entdeckung einer Predigtidee. Durch die breit angelegte Materialsammlung wird zunächst alles Material gesammelt, das in irgendeiner Beziehung zum Thema steht (vgl. in Kap. IV: Kreatives Lesen).

In die Phase der Vorbereitung gehört auch die Beschäftigung mit Predigten anderer Prediger, die man zum Aus-

---

[14] Ch. Bartels: Das Dilemma unserer Perikopenreihen in: Predigtstudien (Hrsg. E. Lange) Stuttgart Bd. VI, 2, 17–28.
Folgende Literatur ist geeignet, sich über gegenwärtige Probleme Überblick zu verschaffen:
Die moderne Gesellschaft (Hrsg. nicht genannt), Freiburg 1972, Reihe: Wissen im Überblick (Herder) — D. Claessens/A. Klönne/A. Tschoepe: Sozialkunde der Bundesrepublik Deutschland, Düsseldorf/Köln ⁶1973 — F. Fürstenberg: Die Sozialstruktur der Bundesrepublik Deutschland, Opladen ²1972 — K. M. Bolte u. a.: Deutsche Gesellschaft im Wandel, Bd. 1: Opladen ²1967, Bd. 2: Opladen 1970.
Als Anregung vgl. auch: A. Toffler: Der Zukunftsschock, Bern-München-Wien, ³1971 — A. M. K. Müller: Die präparierte Zeit. Der Mensch in der Krise seiner eigenen Zielsetzung, Stuttgart 1972.

gangspunkt einer produktiven Umgestaltung machen kann. Bert Brecht hat den Vorschlag gemacht, daß man für die Regiearbeiten bei Theateraufführungen Modelle von Aufführungen benutzen sollte. R. Bohren zieht daraus zu Recht die Konsequenzen für die Predigtvorbereitung: „Man muß sich freimachen von der landläufigen Verachtung des Kopierens. Es ist nicht das Leichtere! Es ist nicht eine Schande, sondern eine Kunst."[15] Brecht nennt das Kopieren „eine Kunst für sich", plädiert aber nicht für eine sklavische, sondern souveräne Nachahmung. „So töricht eine Nichtbenutzung des Modells (etwa aus Ehrgeiz!) wäre, so klar sollte es doch auch sein, daß man ein Modell am besten benutzt, indem man es verändert."[16]

In der Vorbereitungsphase wird noch nicht zensiert, was wichtig und was unwichtig ist. Nur so kommt jene breite Basis zustande, auf der Ideen gedeihen können. Der nichtkreative Prediger kategorisiert bereits in der Vorbereitungsphase nach Stereotypen; er nimmt dadurch viel weniger auf und beraubt sich selbst der Fülle der Möglichkeiten. Was nach Auskunft der Publizistik zum Berufsbild des Journalisten gehört, gilt ohne Abstriche für einen Prediger: „Er muß nicht immer die richtigen Antworten wissen, aber immer die richtigen Fragen. Er muß sich in jeden anderen Menschen hineinversetzen können, er muß die Gabe haben, jede andere Meinung, und sei es die abstoßendste, zu begreifen. Er muß schnell urteilen, aber langsam verurteilen. Sein Verstand gehört dem Vollkommenen, aber sein Herz dem Unvollkommenen."[17]

Zusammenfassend:

1. Probleme sichten
2. Zensurfreie Materialsammlung
3. Gründliches Durchdenken
   des Problemfeldes
4. Fremde Predigten studieren

---

[15] R. Bohren: Predigtlehre, München 1971, 199.
[16] R. Bohren: a. a. O. 199.
[17] H. Zetzschke: Eine Grundschule für Schriftsteller, hektographiertes Manuskript I, 17.

2. DIE INKUBATIONSPHASE

Laßt uns träumen lernen
(Kekulé)

Obwohl die Grenzen zwischen den Phasen ziemlich fließend sind, läßt sich die Inkubationsphase eingrenzen auf jenen Bereich, der zwischen dem Formulieren des Problems, dem Ausloten von Lösungsmöglichkeiten und dem Finden der endgültigen Lösung (= Idee) liegt. Das Unbewußte wird bewußt miteingeschaltet in den kreativen Prozeß; denn es hat sich gezeigt, daß Kreativität an dem Übergang vom Unbewußten zum Bewußten besonders wahrscheinlich ist.

Ein Vergleich kann verdeutlichen, wie wir uns die geistigen Vorgänge in dieser Phase vorzustellen haben: „Stellen wir uns doch die zukünftigen Elemente unserer Überlegungen als etwas vor, das den festgehaltenen Atomen Epikurs ähnelt. Solange der Geist in absoluter Ruhe verharrt, sind diese Atome unbeweglich, sie sind gewissermaßen festgenagelt. In einer Periode der scheinbaren Ruhe und der unbewußten Arbeit reißen sie sich los und beginnen, sich zu bewegen. Sie schwirren in allen Richtungen durcheinander, wie man es z. B. bei einem Mückenschwarm beobachten kann. Wer ein wissenschaftliches Bild vorzieht, mag an die Bewegung der Gasmoleküle bei der Brownschen Molekularbewegung denken. Ihr gegenseitiges Aufeinanderprallen kann zu immer neuen Kombinationen von Überlegungen führen."[18]

Ähnlich werden Informationen aus ihrem ursprünglichen Zusammenhang herausgelöst, Stereotype aufgebrochen, Vorurteile zertrümmert, Selbstverständlichkeiten neu buchstabiert. Eine Idee wird isoliert und in ein neues Ideenfeld gestellt. Neue Zusammenhänge werden gesucht und ausprobiert. Prinzipien werden übertragen, Wörter ausgewechselt, Bilder kombiniert. Ein Problemkreis wird mit einem anderen überlagert; Umstrukturierungen werden vorgenommen; Gedankenketten auseinandergebrochen und neu zu-

---

[18] A. Kaufmann/M. Fustier/A. Drevet: Moderne Methoden der Kreativität, München 1972, 55.

sammengesetzt. Der sog. Blick aus dem Kopfstand verhilft dazu, ein Problem aus einem neuen Blickwinkel zu sehen, der dem normalen entgegengesetzt ist. —
Da die Inkubationsphase für den Prediger mit frustrierenden Denkbemühungen und intensiven Suchbewegungen, mit Blockierungen und ‚unguten' Gefühlen an- und ausgefüllt ist, hat sie nicht umsonst auch den Beinamen ‚Frustrationsphase' erhalten. „Die Blockierung steigert die Intensität des frustrierten Triebes. Sind alle Bemühungen erschöpft, das Problem mit Hilfe traditioneller Methoden zu lösen, so jagen die Gedanken in der blockierten Matrix (Bezugssystem) im Kreis herum wie Ratten in einem Käfig. Danach scheint die Matrix des organisierten, zweckgerichteten Verhaltens zu zerfallen: planlose, ungezielte Versuche treten auf . . ."[19] Durch diese intensive Suchbewegung ereignet sich im geistig-seelischen Haushalt eine Art Gleichgewichtsstörung, die man sich nicht gerne gefallen läßt. Durch sie wird jedoch das Drängen nach einer Lösung intensiver, damit das Gleichgewicht wiederhergestellt wird. Denn kein Mensch kann auf die Dauer mit einer Gleichgewichtsstörung leben.

Auf die Frage, wie man Einfälle bekomme, hat Charlie Chaplin geantwortet: „. . . indem man bis zur Grenze des Wahnsinns beharrlich bleibt. Man muß die Fähigkeit haben, über lange Zeit Seelenqualen zu ertragen und dann wieder den Enthusiasmus durchhalten. Vielleicht ist das für manche Leute leichter als für andere . . ." Ohne Ausdauer und intensives Suchen ist selten eine gute Predigt entstanden. Allerdings ist die Blockierung in der Inkubationsphase oft so unerträglich, daß man sich diesen „ungemütlichen Zustand" nicht gern gefallen lassen möchte und sich somit erst gar nicht in den Strudel der Kreativität hineinbegibt.
Dennoch: Blockierungen und Durchstehvermögen sind die conditio sine qua non für das Finden kreativer Lösungen. Frustrationen, die in der Inkubationsphase durchgestanden werden, sind der Preis, den man für eine Idee bezahlen muß.

---

[19] A. Koestler: Der göttliche Funke, München 1966, 120.

Zusammenfassend:

1. Abschalten
2. Beharrlichkeit bei Blockierungen

3. DIE ILLUMINATIONSPHASE

> Ein Prediger muß es wagen, Einfälle zu
> haben, auf seine Einfälle einzugehen.
> Religionsbeamte und Predigtfunktionäre
> bedürfen keiner Einfälle.
>
> (Rudolf Bohren)

Autobiographische Aussagen von Menschen, die auf eine
neue Idee gekommen sind, enthalten die überraschende
Feststellung, daß sie nachher nie genau sagen können, *wie*
sie ‚auf die Idee gekommen' sind. Plötzlich war der Einfall
da. Verzweiflung schlägt um in Freude am Gefundenen.
Das sog. „Aha-Erlebnis", in Erinnerung an Archimedes auch
„Heureka-Erlebnis" genannt, ist normalerweise von sehr
starken Gefühlen begleitet. Kreativität ist nie nur eine
Sache des Intellekts, sondern immer der ganzen Person.
Die Gefühle bilden eine Art Seismograph, der anzeigt: Jetzt
ist die Sache perfekt! So geht's! Das kann man machen!
Freude, Faszination und Verliebtsein in die neue Idee gehören dazu. Und alles wird begleitet von einem starken Mit-
teilungsbedürfnis. Eine neue Idee, die man für gut hält,
kann man nicht für sich behalten. – Da jede neue Idee zu
Anfang ein sehr zartes, durch ungünstige Umstände leicht
zerstörbares Gebilde ist, einer jungen Pflanze vergleichbar,
die viel Schutz, genügend Pflege und reichlich Sonnen-
schein benötigt, bedarf sie einer intensiven Kultivierung,
damit sie den Kriterien eines kreativen Produktes auch auf
den zweiten Blick entspricht: neu, angemessen und brauchbar zu sein.

Zusammenfassend:

1. Mitteilungsfreude
2. Kultivierung der Idee

4. DIE VERIFIKATIONSPHASE

> Die Aufführung zeigt, was die Regie
> aus einer Idee alles machen kann.
> (Stanislav J. Lec)

Der letzte Schritt im kreativen Prozeß ist die Verifizierung. Die subjektive Einsicht wird in eine objektive Form gebracht. Die Idee wird ausgestaltet. Vergleicht man die anfängliche Idee mit einer Knospe, so geschieht in dieser Phase das Aufblühen der Knospe. Die anfängliche Idee enthält implizit Linien und verborgene Strukturen, die in dieser Phase ausgezogen werden. Die Idee wird konturiert und profiliert. Das wiederum verlangt Konzentration und harte Arbeit. Wenn in der Vorbereitungsphase das Arbeitsmotto lautete: „Hier heißt es, Jäger und Sammler sein!" so mag es nun lauten: „Hier heißt es, Feinmechaniker sein!".
Hand in Hand mit der Ausarbeitung geht die ständige Prüfung, ob die Idee auch den obengenannten Kriterien standhält, nämlich neu, angemessen und brauchbar zu sein.

Zusammenfassend:

1. Gestaltungsfreude
2. Konsequenz in der Ausformulierung

Das nachstehende Schaubild mag das Gesagte noch einmal schematisch verdeutlichen:

ZIEL ZUSTAND FAKTOREN ⟋ PHASEN	ZIEL	PSYCHISCHER ZUSTAND	KREATIVITÄTS-FÖRDERNDE FAKTOREN
Präparations-phase	Problem-findung Material-sammlung	Spannung	Offene Haltung gegenüber der Umwelt Verzicht auf Zensur Anschauliches Denken Kreatives Lesen Freude am Probieren Freude am Spielerischen Freude am Unsinn Suche nach dem Überraschenden Lust am Umstrukturieren
Inkubations-phase	Versuch der Formgebung	Frustration	Ausdauer im Suchen Frustrationstoleranz Beharrlichkeit
Illuminations-phase	Formfindung der Idee	Freude	Zeit zum Verweilen Mitteilungsfreude
Verifikations-phase	Ausgestaltung der Idee	Konzen-tration	Gestaltungsfreude Konsequentes Denken Freude am Formulieren

III. Homiletische Arbeit und kreativer Prozeß

1. OFFENSIVE UND DEFENSIVE PREDIGTARBEIT

Es ist nicht zuletzt eine Frage der Einstellung des Predigers, wie der kreative Prozeß in der Predigtpraxis verläuft: Ist er ein offensiver oder ein defensiver Prediger? Der offensive Prediger lebt, wie es in der Vorbereitungsphase beschrieben ist. Ihm ist eine Kreativität des langen Atems möglich: Er sieht Probleme, durchdenkt und durchschaut sie. Themen, Fragestellungen und Erlebnisse, die sich so bei ihm einstellen, läßt er nicht unbedacht versinken. Er notiert sie und ordnet sie in eine „Predigtkartei" ein, um sie später zu verwenden.

So wird der offensive Prediger ein Gespür für die Dringlichkeit von Themen und Problemen entwickeln, die ihn eventuell auch zwingen, von der vorgesehenen Perikopenreihe abzusehen.

Ebenso wird der offensive Prediger eine „Ideenkartei" aufbauen. Mit dem Magneten „Daraus läßt sich eine Predigt entwickeln" erlebt er, liest er, unterhält er sich, lebt er. So findet er Ideen, die zwar nicht unter dem Druck des nächsten Sonntags entstehen, vielleicht aber schon den übernächsten Sonntag vom Druck der „Predigtproduktion" befreien. Je größer die Predigtkartei[1], desto größer ist die Möglichkeit, daß sich eine Idee schon ziemlich bald einstellt, vielleicht sogar schon beim Lesen der Perikope.

Offensive Predigtarbeit befreit die zweite Phase des kreativen Prozesses, die Inkubationsphase, von der Belastung der Blockierung und der Frustration. Der Prediger wird sogar Freude an dieser Phase entwickeln, weil sie immer

---

[1] Vgl. dazu Abschnitt 5 dieses Kapitels.

wieder von Erfolgserlebnissen der Illuminationsphase durchsetzt ist.

Defensive Predigtarbeit dagegen lebt von der Hand in den Mund, vom Samstag auf den Sonntag. Zeitdruck blockiert den notwendigen Raum und jene Gelassenheit, die Kreativität fördert. Die Inkubationsphase wird zur Qual, und oft endet der (dann un-)kreative Prozeß im Mißerfolg. („Die Botschaft hör' ich wohl, allein mir fehlt die Predigt!" – Stoßseufzer eines Predigers.)

Trotzdem können auch aus defensiv kreativen Prozessen verschiedene sehr kreative Produkte entstehen; auch hier gilt das Gesetz „Not macht erfinderisch". Aber über längere Zeit betrachtet ist man doch eher geneigt, in diesen Produkten die Bestätigung des Sprichwortes zu entdecken: „Ein blindes Huhn findet auch gelegentlich ein Korn!"

Bei offensiver Predigtarbeit können kreative Produkte mit größerer Wahrscheinlichkeit gelingen. Darum sei auch an dieser Stelle schon verwiesen auf das wichtige letzte Kapitel dieses Buches, das versucht, kreative Predigtarbeit in das Gesamtbild des geistlichen Berufes einzuordnen.

2. VOM TEXT ZUR PREDIGT

„Das Glück bevorzugt den vorbereiteten Geist!" Zu dieser Vorbereitung gehört es auch, einen homiletisch gründlichen Weg einzuschlagen, der vom Text zur Predigt führt. Ein solcher Weg wird im folgenden vorgestellt. An verschiedenen Stellen dieses Weges können sich unterschiedliche Ideen einstellen. Sie werden jeweils am Ende des Abschnitts genannt.

(1) Allgemeine Vorbereitung
Der Prediger ist ein aufmerksamer Beobachter der Zeitereignisse, des kirchlichen Lebens und der Menschen.

Leitlinie — Versuchen Sie zu entdecken, was Menschen angesichts der Zeitereignisse und Zeitströmungen denken, empfinden, fragen — und vielleicht verschweigen.

Ideen	— Kombinationen von Text und Situation
	— eine bestimmte Problemstellung
	— konkrete Erfahrungen.

(2) Exegese

Der Prediger erarbeitet sich die Exegese der Perikope in Eigenarbeit, in Gruppenarbeit, mit Hilfe von Kommentaren.

| Leitfragen | — Was wollte der biblische Schriftsteller seinen Lesern damals sagen? |
| | — Gab es Fragen und Probleme seiner Hörer, die diese Aussage herausgefordert haben? |

Ideen	— Assoziative Verbindungen
	a) zu Stichwörtern des Textes
	b) zur Botschaft
	— Verbindung vom Text zu heutigen Siutationen.

(3) Kernsatzformulierung

Der Prediger faßt das Ergebnis seiner Erarbeitung möglichst in einem Satz zusammen.

Sprachmuster	— Lukas wollte seiner Gemeinde, die ... (damalige Fragestellung), sagen, daß ... (Ziel).
	oder:
	— Markus wollte seine Gemeinde, die ..., ermuntern zu ...
	— Beispiel:
	Lukas wollte seiner Gemeinde, die durch das Ausbleiben der Parusie unsicher geworden ist und sich Sorgen um ihre Zukunft macht, sagen, daß Gottesliebe, die sich in der Nächstenliebe konkretisiert, der Weg zum Heil ist.

(4) Konfrontation

Mit diesem Kernsatz leuchtet der Prediger die Situation und die Fragestellung der heutigen Hörer ab, um den Sitz der Botschaft im Leben heute zu finden.

| Leitfragen | — Für welche Fragen, Probleme, Erfahrungen, Konfliktsituationen ... der heutigen Hörer ist die Kernaussage der Perikope ein helfendes Angebot? |

Leitfragen — Für welche Fragen, Probleme, Erfahrungen, Konfliktsituationen ... der heutigen Hörer ist die Kernaussage der Perikope ein helfendes Angebot?

— Welche kirchlichen oder gesellschaftlichen Probleme und Strömungen können durch diese Kernaussage in einem neuen Licht gesehen werden?

— Welche „Veränderung im Diesseits" (Gollwitzer)[2] kann diese Kernaussage zur Folge haben?

Ideen — Originelle Verbindung zu Situationen

— Auffindung von Erzählungen, Fabeln ...

— Auffinden von griffigen Formulierungen, die zum Schlüssel der Predigt werden können.

(5) Auswahl

Geleitet durch den Maßstab der Aktualität und / oder durch die Idee (wenn schon gefunden) wählt der Prediger aus dem gesammelten Material aus.

Absicht — Ich möchte das Angebot der Schrift in diese oder jene Situation hinein aktualisieren.

Ideen — wie bei (4)

— Ansätze zu Gestaltungsideen.

(6) Zielsatzformulierung

Der Prediger formuliert nun, geleitet durch die theologische Aussage der Perikope, das Ziel, das er bei der Gemeinde, die die ausgewählten Situationen ... erlebt, erreichen möchte.

Sprachmuster — Vgl. Kernsatzformulierung

— Beispiel:

Ich möchte der Gemeinde, die sich der Liebe verpflichtet weiß, sich bei der Verwirklichung aber schwer tut, sagen, daß Liebe ihre konkreten Spielregeln hat, von denen eine heißt: Überlegen, was der andere braucht.

---

[2] Helmut Gollwitzer: Veränderung im Diesseits, Politische Predigten, München 1973.

(7) Entfaltung
Unter dieser Zielperspektive wird die Predigt entfaltet.

Ideen   — Formale Gestaltungsideen
                  — Formulierungsideen
                  — Anschaulichkeitsideen.

3. VON DER IDEE ZUR PREDIGT

Der im letzten Abschnitt dargestellte Weg verläuft gradlinig vom Text über Kern- und Zielsatz zur Predigt. Dieser Weg stellt eine Möglichkeit der Vorbereitungsphase dar. Wann und ob bei diesem Weg die Illumination im Sinne einer neuen und beglückenden Idee eintritt, ist ungewiß. Der Ideenfindung, der Illumination, folgt die Phase der Verifikation. Die Idee ist so gut, wie sie entfaltet wird. Zur Ausgestaltung von Ideen, besonders auch solcher Ideen, die aus der Situation zunächst ohne Textbezug entstanden sind, seien im folgenden unter zentralen Stichwörtern einige Anregungen gegeben.

(1) Exegetische Überprüfung
Ideengesteuerte Predigtvorbereitung, fasziniert vom Einfall, darf nicht darauf verzichten, sich theologisch Rechenschaft zu geben. Es gibt die Gefahr, sich zu früh in eine Idee zu verlieben. Deshalb ist gründliche Beschäftigung mit dem Text eine Vorbedingung, homiletisch verantwortlich Einfälle und Ideen zu finden. Die Antwort auf die Frage nach dem Sitz im Leben ist dabei ein hilfreicher Schritt, weil sie die Bisoziation von Text und heutiger Situation erleichtert; gibt doch der „Sitz im Leben" das damalige „woher" oder „warum" an, das der biblische Schriftsteller bei seiner Leserschaft im Blick hatte.
Für diese Arbeit gehören gute Kommentare in das Bücherregal auch des kreativen Predigers.

Leitlinien
— Die Idee *soll* der Hauptaussage des Textes entsprechen.
— Sie *kann* einer Nebenaussage entsprechen.

- Sie *darf* eine assoziative Stichwortverbindung sein.
  (Bedingung: Die Idee muß theologisch verantwortet und tragfähig sein!)
- Gefahren:
  - Theologische Oberflächlichkeit
  - Theologische Haarspalterei.

(2) Materialsammlung

Wer die Idee hat, hat die Predigt — aber noch nicht fertig! Oft ist die Idee nur ein Bruchteil der Predigt, zumindest quantitativ. Für die endgültige Fassung sind Bilder, Vergleiche, Erfahrungen . . . nötig, um die Idee anschaulich sichtbar ins konkrete Leben einzupflanzen. Darum ist es wichtig, solches „Material" zu sammeln. Wer als Prediger Gutes oder gar Bestes anbieten will, der muß mehr sammeln, als er am Ende braucht, damit er auswählen kann.
Bei dieser Sammlung geht es vorrangig um drei Bereiche:
- Situationserfahrung
- Anschauung
- literarische Texte.

a. Situationserfahrung

Predigt will in das Leben der Christen hineinwirken. Sie will ihnen helfen, in ihrer konkreten Lebenssituation, in dieser Gemeinde, in der Weltkirche, in der jeweiligen gesellschaftlichen und politischen Situation ihr Leben als Christen verantwortlich zu gestalten. Aus diesem Bereich gilt es darum Material zu sammeln.

Leitlinien
- Welche Erfahrungen des Menschen, welche gesellschaftlichen und kirchlichen Strömungen stehen in Verbindung zu dieser Idee?
- *Was* erleben
  erleiden
  denken die Menschen in solchen Situationen?
- *Was* erfreut sie

39

ärgert sie
läßt sie unbetroffen?
— *Wer* ist beteiligt
in welcher Rolle
verhält sich wie?
— *Was* kann sich unter dem Einfluß dieser
Idee
im persönlichen
im kirchlichen
im gesellschaftlichen Bereich ändern?

b. Anschauung

Der heutige Mensch ist bildhungrig, er braucht Bilder. Er hat sich zunehmend daran gewöhnt — etwa im Fernsehen — Informationen mit Bildern und durch Bilder aufzunehmen. Auch Zeitungen lieben das Bild als Informationsvermittler. Ebenso gilt in der rhetorischen Kommunikation Anschaulichkeit als Zeichen von Hörerfreundlichkeit und als ein Mittel zur plausiblen Informationsvermittlung.
Darum gehört es zur Predigtvorbereitung, Anschauungsmaterial zu sammeln.

Leitlinien

Welche — Bilder
— Beispiele
— Metaphern
— Vergleiche
— Formulierungen
— Wortspiele usw. sind
geeignet, die geplanten Aussagen durch Anschaulichkeit zu vertiefen und die Hörer zu erfreuen?

c. Literarische Texte

Schriftsteller und Dichter haben oft in gelungener oder origineller Weise Erfahrungen ausgedrückt. Solche Texte sind geeignet, die Predigt zu bereichern, sie näher ans Leben zu rücken.

Leitlinie

— Gibt es Texte aus der Literatur, die geeignet sind, die Predigt zu bereichern und zu vertiefen?

(3) Zielformulierung

Wer den aufgezeigten Weg vom Text zur Predigt geht, wird immer den Zielsatz formulieren. Wer aber von der Idee auf die Predigt zugeht, wer mit einer Idee aus der Situation kommt und zunächst die Perikope übergeht, vergißt leicht, fasziniert von der Idee, nach dem Wozu und Wohin zu fragen.

Darum ist mancher Predigtvorbereitungsgang blockiert. Dem Prediger fehlt es zwar nicht an Material, aber an Kriterien der Auswahl. So entstehen oft Predigten, die wie eine gute Idee wirken, die unter die Dampfwalze (frei nach Robert Lembke) gekommen ist.

Die Festlegung eines Zieles strukturiert das gesammelte Material. Mit Hilfe des Zieles läßt sich Wichtiges von Nebensächlichem, Interessantes von Uninteressantem, Notwendiges von Überflüssigem scheiden.

Außerdem gibt die Festlegung auf ein Ziel der Predigt eine Linie und eine Ziel-strebigkeit, die ihr und damit dem Hörer gut tut.

Leitfrage

— Was möchte ich mit der Predigt, die aus dieser Idee wachsen soll, bei den Hörern erreichen — und von woher muß ich sie zu diesem Ziel abholen?

(4) Schöpferische Pause

Die schöpferische Pause ist ein Geheimnis der Erfolgreichen. Wer hat es nicht schon erlebt: Verbissen in eine Aufgabe quält man sich ab, lust- und erfolglos. Man bricht die Arbeit ab, geht zu Bett, macht einen Spaziergang, einen Ausflug, unterhält sich über ganz anderes, besucht einen Buchladen. Nach einer Pause, in der man ganz anderes getan hat, geht man wieder an die Arbeit und hat die Lösung klar vor Augen.

Solche Erfahrungen zeigen: Schaltet der Prediger ab, arbeitet sein Unterbewußtes weiter — offenbar mit besserem Erfolg als sein geschätztes Denkvermögen. Unter Zeitdruck und Produktionszwang erkrankt die Fähigkeit zu denken leicht an Verbohrtheit oder Engstirnigkeit. Das Unterbewußte läßt sich von solchen Krankheiten nicht so leicht anstecken. Es behält die Weite und Leichtigkeit, bei der Kreativität gelingen kann.

Das setzt einen rechtzeitigen Beginn der Predigtvorbereitung voraus. Wer sich und seine Hörer um solch langen Atem betrügt, wird oft die Erfahrung machen: Dahinter kommt man erst danach (sprich: zu spät!), denn „in kurzer Zeit kann man nur in der Richtung denken, an die man gewöhnt ist, und nur das tun, was man immer schon getan hat"[3].

Leitlinien

— rechtzeitig beginnen
— abschalten
— Kuli und Papier in der Nähe haben, um
  plötzlich auftauchende Ideen festzuhalten.

(5) Gestaltung

„In dem platonischen Bild von Koch und Huhn steckt eine ganze Metaphorik der pädagogischen Kommunikation. Geht es nicht dem Koch wie dem Lehrer um ein Sichten, Auswählen, Säubern, Zerlegen, Zerkleinern, Zubereiten, Kochen, Würzen, Abschmecken, Arrangieren, Illustrieren, Servieren, Darbieten?"[4]

Bei der Predigtgestaltung wird es auf ähnliche Kleinarbeit ankommen. Drei wichtige Bereiche möchten wir im folgenden aufgreifen.

a. Die Auswahl

Folgende Anregungen sind als Hilfe bei der Auswahl des gesammelten Materials für die Predigt gedacht. Sie wollen dem Prediger helfen, für seine Hörer wählerisch zu sein.

---

[3] Peter F. Drucker: Die ideale Führungskraft, Düsseldorf 1971, 37.
[4] Jürgen Henningsen: Kommunikation zwischen Fußnote und Feuilleton, Weinheim 1972, 67.

Leitlinien

- Zielnähe ist ein Maßstab für Auswahl!
- Je interessanter für den Hörer, desto besser!
- Erfreuendes für den Hörer sollte nicht fehlen!
- Anschauung hat Vorrang vor spröder Theorie!
- Positive Aussagen dienen dem Hörer mehr als negative!
- Angebote sind Imperativen vorzuziehen!

b. Der Aufbau

Ein Geheimnis guter Predigt ist die Induktion. Der Hörer möchte von vornherein wissen, daß es hier um seine Sache geht, daß der Prediger nicht von irgendwem und -was redet, sondern vom Leben des Hörers und von dem, was ihn interessiert. Eine journalistische Grundregel lautet: „Der Gegenstand tiefsten Interesses für einen Durchschnittsmenschen ist immer er selber!" Beim Menschen und seinem Interesse beginnt der Predigtweg zum geplanten Ziel.

Weitere Anregungen finden sich in Kap. IV, Abschnitt: „Gestaltungsideen". Hier sei darum nur auf eine sehr wichtige Grundregel verwiesen:

Leitlinie
- Induktion geht vor Deduktion!

c. Konkretion

An mangelnder Konkretion kranken die meisten lang-weiligen Predigten („Als der Hörer nach einer halben Stunde auf die Uhr blickte, merkte er, daß erst 10 Minuten herum waren!"). Kurz-weilige Predigten („Als der Hörer nach 10 Minuten auf die Uhr blickte, merkte er, daß schon eine halbe Stunde herum war!"), die den Hörer erfreuen, bei denen er aufmerksam bleibt, von denen er etwas mit nach Hause nimmt, sind meist sehr konkrete Predigten.

Über den Hintergrund mangelnder Konkretion schreibt Albert Görres: „Wer regelmäßig Predigten hört, ist erstaunt über die Dürftigkeit des Realitätsbezuges, der Beobachtungsgabe, des Erfahrungskontaktes. Dabei sollte man doch annehmen, daß kaum jemand so wie der Seelsorger Gelegenheit habe, den Leuten ‚aufs Maul' und ins Herz zu schauen, d. h. ihre Schwierigkeiten, ihre Probleme, ihre seelische Situation wahrzunehmen. ... Weil der Blick für das Lebendig-Konkrete so ungewöhnlich ist, wirkt eine Begabung in dieser Richtung wie ein einsamer Berg in einer Flachlandschaft."[5]

Zu diesem Hintergrund einige mehr handwerkliche Gründe:

1. Mangelnde Vorbereitung: Wer ein Minimum an Vorbereitungszeit hat, redet meist abstrakt und in Allgemeinplätzen. In vielen Fällen gilt: Je allgemeiner und abstrakter die Predigt, desto kürzer war die Vorbereitungszeit.

2. Deduktiver Ansatz: Deduktive Predigten zeigen häufig einen Trend zum Abstrakten. Der Prediger spricht zuerst allgemeine Wahrheiten durch, redet also noch nicht vom konkreten Leben. Darum werden in die ganze Predigt, selbst dann, wenn sie auf das Leben zu sprechen kommt, viele abstrakte Formulierungen und allgemeine Aussagen einfließen. Induktion ist ein Weg zur Konkretion, weil man beim Konkreten ansetzt.

3. Fehlende stilistische Fingerfertigkeit: Konkretion, etwa in der Wortwahl kann man üben. Beispielsweise „sagt" Jesus im Munde der meisten Prediger, während er in Wirklichkeit lobt, tadelt, ermuntert, tröstet, fragt, auffordert, befiehlt ... Konkreten Wortgebrauch kann man einüben — angeboren ist diese Fähigkeit den wenigsten. Ein Handbuch der Stilistik gehört in die Bibliothek jedes Predigers[6]. Es sollte dem Prediger eine ständige Partitur

---

[5] Albert Görres: Pathologie des katholischen Christentums, in: Arnold/Rahner/Schürr/Welsch: Handbuch der Pastoraltheologie, Freiburg-Basel-Wien 1966, Bd. II/1, 277—343, 311 ff.

[6] z. B. Ludwig Reiners: Stilfibel München [7]1969.
Ders.: Stilkunst. Ein Lehrbuch Deutscher Prosa, München 1971 (Sonderausgabe).
L. Mackensen: Gutes Deutsch in Schrift und Rede, Hamburg [3]1972.
B. Sowinski: Deutsche Stilistik, Frankfurt 1973.

für Übungen sein. Auch der gute Pianist muß täglich an Etüden seine Fingerfertigkeit trainieren.

Leitlinien
— Nehmen Sie sich Zeit zur Ausgestaltung der Predigt!
— Gestalten Sie die Predigt induktiv!
— Bedenken Sie, daß guter Stil eine Brücke, schlechter Stil eine Blockierung der Botschaft zum Hörer sein kann!

d. Kurt Tucholsky: Ratschläge
Wer im folgenden das Wort „Redner" durch „Prediger" ersetzt, wird Tucholskys Ratschläge mit Gewinn lesen!

Ratschläge für einen schlechten Redner
1. Fang nie mit dem Anfang an, sondern immer drei Meilen vor dem Anfang! Etwa so:
„Meine Damen und Herren! Bevor ich zum Thema des heutigen Abends komme, lassen Sie mich Ihnen kurz ...." Hier hast du schon ziemlich alles, was einen schönen Anfang ausmacht: eine steife Anrede; der Anfang vor dem Anfang; die Ankündigung, daß und was du zu sprechen beabsichtigst, und das Wörtchen ‚kurz'. So gewinnst du im Nu die Herzen und die Ohren der Zuhörer.
Denn das hat der Zuhörer gern: daß er deine Rede wie ein schweres Schulpensum aufbekommt; daß du mit dem drohst, was du sagen wirst, sagst und schon gesagt hast. Immer schön umständlich!
2. Sprich nicht frei — das macht einen so unruhigen Eindruck. Am besten ist es, du liest deine Rede ab. Das ist sicher, zuverlässig, auch freut es jedermann, wenn der lesende Redner nach jedem viertel Satz mißtrauisch hochblickt, ob auch noch alle da sind.
Wenn du gar nicht hören kannst, was man dir so freundlich rät, und du willst durchaus und durchum frei sprechen ... du Laie! Du lächerlicher Cicero! Nimm dir doch ein Beispiel an unsern professionellen Red-

nern, an den Reichstagsabgeordneten — hast du die schon mal frei sprechen hören? Die schreiben sich sicherlich zu Hause auf, wann sie „Hört! Hört!" rufen ... ja, also wenn du denn frei sprechen mußt:

3. Sprich, wie du schreibst! Und ich weiß, wie du schreibst. Sprich mit langen, langen Sätzen — solchen, bei denen du, der du dich zu Hause, wo du ja die Ruhe, deren du so sehr benötigst, deiner Kinder ungeachtet, hast, vorbereitest, genau weißt, wie das Ende ist, die Nebensätze schön ineinandergeschachtelt, so daß der Hörer, ungeduldig auf seinem Stuhl hin und her träumend, sich in einem Kolleg wähnend, in dem er früher so gern geschlummert hat, auf das *Ende* solcher Periode wartet ... Nun, ich habe dir eben ein Beispiel gegeben. So mußt du sprechen.

4. Fang immer bei den alten Römern an und gib stets, wovon du auch sprichst, die geschichtlichen Hintergründe der Sache. Das ist nicht nur deutsch — das tun alle Brillenmenschen. Ich habe einmal in der Sorbonne einen chinesischen Studenten sprechen hören, der sprach glatt und gut französisch, aber er begann zu allgemeiner Freude so: „Lassen Sie mich Ihnen in aller Kürze die Entwicklungsgeschichte meiner chinesischen Heimat seit dem Jahre 2000 vor Christi Geburt ..." Er blickte ganz erstaunt auf, weil die Leute so lachten.
So mußt du es auch machen. Du hast ganz recht: Man versteht es ja sonst nicht, wer kann denn das alles verstehen, ohne die geschichtlichen Hintergründe ... sehr richtig! Immer gib ihm Historie, immer gib ihm.

5. Kümmere dich nicht darum, ob die Wellen, die von dir ins Publikum laufen, auch zurückkommen — das sind Kinkerlitzchen. Sprich unbekümmert um die Wirkung, um die Leute, um die Luft im Saale; immer sprich, mein Guter. Gott wird es dir lohnen.

6. Du mußt alles in die Nebensätze legen. Sag nie: „Die Steuern sind zu hoch!" Das ist zu einfach. Sag: „Ich möchte zu dem, was ich eben gesagt habe, noch kurz bemerken, daß mir die Steuern bei weitem ..." So heißt das.

7. Trink den Leuten ab und zu ein Glas Wasser vor — man sieht das gerne.

8. Wenn du einen Witz machst, lach vorher, damit man weiß, wo die Pointe ist.

9. Eine Rede ist, wie könnte es anders sein, ein Monolog. Weil doch nur einer spricht. Du brauchst auch nach vierzehn Jahren öffentlicher Rednerei noch nicht zu wissen, daß eine Rede nicht nur ein Dialog, sondern ein Orchesterstück ist: eine stumme Masse spricht nämlich ununterbrochen mit. Und das mußt du eben hören. Sprich nur, lies nur, donnere nur, geschichtele nur.

10. Zu dem, was ich soeben über die Technik der Rede gesagt habe, möchte ich noch kurz bemerken, daß viel Statistik eine Rede immer sehr hebt. Das beruhigt ungemein, und da jeder imstande ist, zehn verschiedene Zahlen mühelos zu behalten, so macht das viel Spaß.

11. Kündige den Schluß deiner Rede lange vorher an, damit die Hörer vor Freude nicht einen Schlaganfall bekommen. Paul Lindau hat einmal einen dieser gefürchteten Hochzeitstoaste so angefangen: „Ich komme zum Schluß." Kündige den Schluß an und dann beginne deine Rede von vorn und rede noch eine halbe Stunde. Dies kann man mehrere Male wiederholen.

12. Du mußt dir nicht nur eine Disposition machen, du mußt sie den Leuten auch vortragen — das würzt die Rede.

13. Sprich nie unter anderthalb Stunden, sonst lohnt es gar nicht, erst anzufangen.

14. Wenn einer spricht, müssen die anderen zuhören — das ist deine Gelegenheit. Mißbrauche sie.

Ratschläge für einen guten Redner

1. Hauptsätze. Hauptsätze. Hauptsätze.

2. Klare Disposition im Kopf — möglichst wenig auf dem Papier.

3. Tatsachen oder Appell an das Gefühl. Schleuder oder Harfe. Ein Redner sei kein Lexikon. Das haben die Leute zu Hause.

4. Der Ton einer einzelnen Sprechstimme ermüdet; sprich nie länger als 40 Minuten. Suche keine Effekte zu er-

zielen, die nicht in deinem Wesen liegen. Ein Podium ist eine unbarmherzige Sache — da steht der Mann nackter als im Sonnenbad.

5. Merk Otto Brahms Spruch: Wat jestrichen is, kann nich durchfalln[7].

4. ZWEI INTERVIEWS

Wir haben zwei Prediger interviewt mit der Frage: „Worauf achten Sie, wenn Sie Ihre Predigt vorbereiten?" Die beiden Antworten sind spontan, subjektiv, legitim einseitig und darum lesenswert für jeden, der die heimliche Frage hat: Wie machen es andere?

Antwort eins:

1. Ich frage mich: Was ist im Text interessant für mich? Spiegelt sich darin eine Erfahrung (positiv oder negativ) wider, eine Sichtweise auf das Leben und seine Abläufe, seine erfreulichen oder weniger erfreulichen Seiten, ein Problem oder eine Frage, die von allgemeinem Interesse ist?
Ich suche also etwas, von dem ich glaube, daß es anspricht. Ich frage mich auch, ob ich damit die Schrift auslege oder die Perikope nur als Aufhänger benutze. Letzteres zu tun bin ich allerdings manchmal bereit.

2. Ich suche Material, das das gestellte „Thema" (das, was ich gern sagen möchte) beleuchtet, ergänzt, erklärt, eingrenzt, veranschaulicht. Dabei frage ich mich: Interessiert das den Hörer? Werden sie gerne zuhören?

3. Ich formuliere das Ziel nicht immer in einem Zielsatz. Manchmal weiß ich, was ich will. Das Ziel zu formulieren, dazu muß ich mich zwingen, weil ich gewöhnlich froh bin, gefunden zu haben, was ich sagen will, so daß ich sofort weitergehe. Die Zielformulierung aber hat sich bisher immer gelohnt. Der nötige Zeitaufwand hat nie geschadet!

---

[7] Vgl. K. Tucholsky: Ausgewählte Werke, 2 Bde, Reinbek 1965, 187 ff. Der im letzten Satz erwähnte Otto Brahm (1856—1912) war Literarhistoriker, Kritiker und Theaterleiter, zuletzt am Lessingtheater in Berlin.

4. Ich frage mich beim groben Aufriß und bei den einzelnen Teilen der Predigt: Welche Funktion hat dieser Abschnitt, dieser Satz und dieses Bild im Gesamt der Predigt? Ist die Gedankenführung klar, logisch und psychologisch gut? Das ist mir sehr wichtig!

5. Beim Predigen selbst stelle ich manchmal fest, daß im Gedankenablauf Brüche oder Sprünge oder unklare Übergänge vorkommen. Bei der nächsten Predigt (am gleichen Sonntag) stelle ich die nötigen Korrekturen und Verbindungen her.

6. Ich überlege immer: Wie fange ich an? Wie höre ich auf? Ich fange nie eine Predigt mit „Wenn" an.

7. Ich frage mich, was der Hörer denkt, wenn er diesen Vergleich, diese Aussage, dieses Bild, diesen abstrakten Gedankengang, diese ins Wort gekleidete Erfahrung hört. Was fühlt er möglicherweise? Gefällt ihm das? Kann er Einseitigkeiten oder Übertreibungen feststellen? Möglicherweise wird er durch meine Darstellung angeregt, seinen eigenen Assoziationen und Gedanken nachzugehen und meinen Ausführungen nicht mehr zu folgen. Wenn ich meine, diese Möglichkeit besteht, dann kleide ich seine möglichen Gedanken ins Wort.

8. Ich freue mich, wenn ich für den Schluß eine markante Formulierung, eine gute Zusammenfassung oder noch ein Bild gefunden habe.

9. Ich versuche manchmal, von heutigen Erfahrungen her Zugang zu Schriftstellen, zu Jesus Christus herzustellen. Ich baue dann die Aussage der Perikope im zweiten Teil in den aufgewiesenen Erfahrungskontext ein, zur Bestätigung oder Korrektur des Erfahrenen, Gewünschten oder Erahnten. Die Frage nach dem Sitz im Leben damals scheint mir dabei notwendig.

10. Manchmal fällt mir die Formulierung von Einzelaussagen schwer. Dann verschreibe ich oft eine halbe Seite, bis ich die Formulierung habe. Bei Bildern oder Vergleichen meine ich, möglichst alles Beiwerk wegzulassen, um nur zu sagen, was im Gesamt der Predigt meiner Meinung nach wichtig ist. Aber das ist wohl eine Geschmacksfrage, ein anderer erzählt lieber etwas ausführlicher.

Antwort zwei:

Kontrollfragen in meiner Predigtvorbereitung:

1. Hat das, was ich sagen will, den Charakter des „Bewegenden", des „Neuen", des „Interessanten", so daß der Hörer sich sagen kann: „Dem Prediger macht es Spaß, solche Gedanken zu denken und sie auch noch weitergeben zu können und zu dürfen."? („Kein Mann, dem seine Sache nicht Spaß macht, darf erwarten, daß sie irgendjemand sonst auf der Welt Spaß macht!")

2. Ist das, was ich sagen will, für mich selber „geistiges Brot", das mir schmeckt?

3. Bin ich selber mit dem Text, mit der Idee, mit der Parabel, mit der Begebenheit, mit der exemplarischen Situation warm geworden? Gefällt mir das, was ich bringen will?

4. Schlagen die Zentralgedanken bei den Hörern durch? Ist der Plausibilitätsgrad hoch genug? Sind Alternativen und Konkretionen in Fülle darin enthalten?

5. Ist der Inhalt hörerfreundlich? Wie ernst habe ich den Hörer genommen? Ich verabscheue die homiletische Parole: „Friß, Vogel, oder stirb!"

6. Ist die Idee so verpackt, daß der Hörer sie gern als eine Art Geschenk hört und mitnimmt?

7. Hatten die Hörer wenigstens einmal die Gelegenheit, ihre Mundwinkel zu einem Lächeln zu verziehen?

8. Ist der Inhalt so, daß der Hörer und ich selbst Interesse daran haben, noch weiter darüber zu sprechen, ihn durch weitere Erfahrungen zu ergänzen?

9. Ist es ein befreiender Gedanke, eine frohmachende Predigt oder ein Soll-Pensum, das wie eine Hausaufgabe Schülern auferlegt wird?

10. Ist „Leben" drin, oder handelt es sich um tote Richtigkeiten?

5. MOMENTAUFNAHMEN AUS EINER PREDIGTKARTEI

Im Zusammenhang offensiver Predigtarbeit war von der Ideen- und Predigtkartei die Rede. Wir möchten den Leser einen Blick in unsere Predigtkartei tun lassen, der nicht alles zeigt, aber doch anregt, welches Material er in der eigenen Kartei sammeln kann.

Wenn das Gewissen ein Rotlicht ist, dann bemühen sich die meisten, noch schnell bei gelb über die Kreuzung zu kommen.   *(Senta Berger)*

Nur eine Stunde
Wir sollten den Mut haben, zu fordern, was jeder Rotary- oder Lyons Club zu fordern den Mut hat: eine Stunde Zeit in einer geschäftigen Woche, für Gott und uns, für die Besinnung auf unser Leben in seinem Licht, für Dank, Lob und Fürbitte inmitten der Gemeinschaft, die nur dann wahr- haft eine Kirche (,ekklesia = Versammlung') genannt zu werden verdient, wenn sie sich überhaupt noch versammelt.
                                              (Hans Küng)

Man stellt oft die Frage: Wie lange ist man jung? Wenn Sie mich fragen, dann möchte ich unbescheidenerweise darauf antworten: Man ist jung, solange man liebt.
Liebe ist nur ein Wort — Liebe ist nicht nur ein Wort.
            (Uwe Steffen, Morgenandacht 24. Januar 1972)

Die Oberflächlichen können nicht faszinieren.

Wer reif ist für die Ehe, ist auch reif für alles, was gegen sie spricht.   *(Henning Venske)*

Wahre Autorität kann man nur durch tatsächliches Führen haben. Durch Bremsen kann man nicht führen, da kommt man ins Schleudern!   *(Walter Kasper)*

Nächstenliebe in Klingelbeutelformat

Wer an der Gestaltung mitgewirkt hat, wird auf den Be- stand des Gewordenen bedacht sein. Das Bestehende ist nicht das Beständige!
            (Friedrich Kienecker, NDR, 7. Juli 1968)

*Das Fernsehen hat aus dem Kreis der Familie einen Halb-
kreis gemacht.* (Keller-Aphorismus aus Schwabing)

Ergänzung
*In der Bibliothek einer großen Firma hing gerahmt der
Wahlspruch des Generaldirektors. Er hängt zwar nicht
mehr dort, aber er lautete: „Intelligenz ist kein Ersatz für
Wissen. Begeisterung ist kein Ersatz für Fähigkeit. Guter
Wille ist kein Ersatz für Erfahrung." Das Motto verschwand,
nachdem eines morgens, nach einer Reihe von Konferen-
zen, ein Spaßvogel hinzugefügt hatte: „Eine Konferenz ist
kein Ersatz für den Fortschritt."*

*Jesus hat sich demütig zur bloßen Satzhälfte erniedrigt;
die andere Hälfte ist der Gläubige. Erst beide zusammen
bezeugen Jesus Christus. Denn nun ist er wahrhaftig auf-
erstanden, weil du seinen Satz zu Ende sprichst.*

(Rosenstock - Huessy)

*Jeder trägt die Brille seiner Vorurteile,
die rosarote des oberflächlichen Optimismus,
die violette des düsteren Pessimismus,
die gelbe des Egoisten.*

*Ich habe unlängst von einem klugen Mann sagen hören:
Gegen die Unordnung der Zeit hilft nicht eine Rückkehr zur
überlieferten Ordnung, da hilft nur das Außerordentliche.
Ein Außerordentliches ist die Fähigkeit, den Feind nicht zu
verneinen, sondern die Auseinandersetzung so zu führen,
daß sie der neuen, größeren Wirklichkeit entspricht.*

Inflation der Worte
*München (TT). Das Vaterunser hat 56 Worte. Die Gebote
Moses haben 297 Worte, die amerikanische Unabhängig-
keitserklärung umfaßt 300 Worte. Die Verordnung der Brüs-
seler Kommission für den Import von Karamellerzeugnissen
umfaßt jedoch 26 911 Worte. . . .* (Zeitungsnotiz)

*So eine Gefängniszelle ist übrigens ein ganz guter Ver-
gleich für die Adventssituation: Man wartet, hofft, tut dies*

*und jenes — letzten Endes Nebensächliches —, die Tür ist
verschlossen und kann nur von a u ß e n geöffnet werden.*
(Dietrich Bonhoeffer)

A u s f l u c h t
Ich werde verfolgt.
Da mache ich einen Satz
und entkomme.   *(Arnfried Astel)*

M i ß b r a u c h
St. Sebastian,
der Schutzheilige
des Schützenvereins,
nicht seiner Opfer.   *(Arnfried Astel)*

Wer mitmacht, erlebt Gemeinde.
(Franziskus-Gemeinde, Do-Scharnhorst)

IV. Wege zur Idee

1. AUSGANGSPUNKT: ALLTÄGLICHES

Die meisten Prediger beginnen die Predigtvorbereitung mit dem Studium des für den Gottesdienst vorgesehenen Textes. Von ihm aus suchen sie Verbindungslinien zur Situation heute. Folgende Hinweise wollen anregen, alltägliche Situationen als Ausgangspunkt zu nehmen und von ihnen aus Verbindungslinien zu biblischen Texten herzustellen.

Randnotizen in der Zeitung, Gesprächsfetzen aus einer Unterhaltung, Bemerkungen über Mitmenschen, Mißtrauen im Büro, Ärger über die Eigenart eines Mitarbeiters, Ereignisse in benachbarten Häusern und Familien, Einstellungen, mit denen Freunde ihre Schwierigkeiten meistern — alles, was den Alltag erfreut oder belastet, kann zum Ausgangspunkt der Überlegung genommen werden. Es müssen nicht immer die Kern- und Sternprobleme der Gegenwart sein, die den Prediger anregen, die Bibel zu befragen. Unscheinbare Begebenheiten, die man vielleicht ebenso gut wieder vergessen könnte, werden festgehalten, beachtet, durchdacht (vgl.: Abschnitt: Situationen durchspielen) und schließlich mit biblischen Aussagen in Verbindung gesetzt[1]. Wirklichkeit erschließt sich bei diesem spiralförmigen Vordringen zur Mitte[2] in einer tieferen Weise, als beim ersten Blick angenommen wird.

Das folgende Beispiel enthält Gedanken, die eine kurze Zeitungsnotiz ausgelöst hat, und zeigt, wie diese zu einer Fünf-Minuten-Ansprache verarbeitet wurden.

Liebe Hörer!

Wenn andere sich in unsere Angelegenheiten einmischen — das haben wir gar nicht gern. Soll doch jeder vor seiner eigenen Tür kehren. Soll doch jeder seinen Kram alleine machen und sich an die eigene Nase fassen. Wir mischen uns ja auch nicht in fremde Sachen ein. Wir drängen uns nicht auf. Wir geben nicht immer unseren eigenen Senf dazu. Wir lassen andere in Ruhe. Sollen sie uns gefälligst auch in Ruhe lassen.

Außerdem, es kann sehr unangenehm, sehr ruhestörend sein, wenn wir uns aus einer Sache nicht heraushalten. Das kann Scherereien geben. Niemand macht ja gern eine Aussage vor der Polizei oder gar als Zeuge vor Gericht. Das können wir verstehen. Es gibt Grenzen der Nicht-Einmischung.

Da wurde ein Kind schwer mißhandelt. Es vegetierte jahrelang dahin. Es war eingesperrt. Nachbarn wußten das. Doch sie taten nichts. Später, als das Kind endlich befreit war, sagten einige: „Wir mischen uns nicht in die Angelegenheiten anderer Leute."

Verstehen Sie mich bitte nicht falsch. Ich kann und ich will mich nicht als Richter aufspielen und über jene Nachbarn den Stab brechen. Auch andere waren mitschuldig, z. B. die Behörden. Das haben sie öffentlich zugegeben. In jeder Zeitung war es zu lesen. Nein, ich will keinen Sündenbock suchen. Ich will nur zeigen, wozu wir fähig sind, wir alle, Sie und ich. Besser gesagt, wozu wir oft nicht fähig sind.

---

[1] Zur Frage der Perikopenordnung vgl.: Chr. Bartels: Das Dilemma unserer Perikopenreihen, in: Predigtstudien VI/2 (hrsg. v. E. Lange), Stuttgart/Berlin 1972, 17—28 — und die Diskussion dieses Artikels im Folgeband der Predigtstudien (I/1, 1973, 7—15).

[2] A. Sommerauer: Das Handwerk der Predigt, Stuttgart/Berlin 1973.

Wie oft fehlt uns der Mut, fehlt uns die Zivilcourage. Wir müssen uns für andere einsetzen, die sich selber nicht helfen können. Wir sehen ein Unrecht, wir müßten uns einmischen. Wir zucken die Achseln, wir seufzen, oder wir haben Angst, oder wir sind bequem. „Warum gerade ich", sagen wir, „da sind genug andere da."

Heute ist der Todestag eines Mannes, der sich immer wieder eingemischt hat. Ohne Rücksicht auf sich selbst. Er hat sich die Sache derer zu eigen gemacht, die sich selber nicht helfen konnten. Er hat durch seine Einmischung vieles durcheinander gebracht. Er hat Machthaber vor den Kopf gestoßen. Er hat den Fürsten seines Landes einen Fuchs genannt. Zu einigen führenden Leuten seiner eigenen Religionsgemeinschaft sagte er: Ihr Schlangenbrut. Er hat sich nicht immer herausgehalten. Er wollte nicht in Ruhe gelassen werden. Und seine Einmischung hat ihn das Leben gekostet.

An einem Freitag hat man ihn hingerichtet: Jesus von Nazareth. Ohne seine Einmischung können wir vor Gott nicht bestehen. Aber können wir bestehen, wenn wir selber uns nicht einmischen? Zugunsten derer, die sich nicht helfen können?[3]

2. SITUATIONEN DURCHSPIELEN

„Was muß ich kennen, um Charles Latein beizubringen?" hat Chesterton gefragt. Auf die zu erwartende Antwort: „Natürlich Latein!" antwortete er: „Nein, Charles muß ich kennen."

Diese Anekdote Chestertons sagt eine auch für die Predigt bedeutsame Wahrheit aus: Kenne ich als Prediger die Hörersituation nicht, bin ich bald mit meinem Latein am Ende. Je klarer der Prediger die Hörersituation vor Augen hat, desto genauer kann er sie in der Predigt ansprechen, so daß der Hörer sich angesprochen fühlt ('mea res agitur'). Konsequente Situationsanalyse führt dahin, daß eine Predigt sich — nach gründlicher theologischer Vorarbeit —

---

[3] G. Mross, Rundfunkmanuskript.

nicht nur durch theologische, sondern auch durch situative Tiefe auszeichnet. Wie man Texte der Schrift zum Sprechen bringen kann, zeigen Abschnitte wie ‚Antitexte' u. a. Wie aber können Situationen zur Sprache gebracht werden?

1. Entfaltung typischer Situationen

Es gibt Situationen, die von den meisten Menschen ähnlich erlebt werden. Der Prediger kann eine solche Situation in der Weise entfalten, daß er mögliche Wirkungen beschreibt.
Beispiel: Situation „warten"
Frage: Was tun Menschen, die warten müssen?
- — Sie verlieren die Freude an der Sache.
- — Sie schimpfen über die schlechte Organisation.
- — Sie bekommen Langeweile.
- — Sie fangen an zu spekulieren.
- — Sie werden aggressiv.
- — Sie sind nicht mehr in der Lage, sachlich zu denken.

Nach der Phase der Sammlung möglicher Wirkungen folgt eine Phase der Reflexion und der Auswahl jener Beschreibungen, die für das, was ich sagen will, besonders typisch sind und am deutlichsten das Gemeinte veranschaulichen können.

Übungsaufgabe: Sammeln Sie eine Vielzahl möglicher Wirkungen zu den folgenden Fragen:
„Was tun Menschen, die Angst haben?"
„Wie verhalten sich Menschen, denen ein Mitarbeiter auf die Nerven geht?"
„Was tun Menschen, die sich freuen?"

Eine weitere Hilfe für das Erfassen von Situationen und Problemen sind Gedankenimpulse[1]. Die wirksamsten Gedankenimpulse sind Anknüpfungsimpulse: Aussprüche, die für bestimmte Situationen typisch sind. Zwar wird in einem solchen Ausspruch jeder Hörer andere Erlebnisse assozi-

---

[1] Vgl. E. Lerle: Arbeiten mit Gedankenimpulsen, Berlin 1965.

ieren, die der Prediger unmöglich alle kennen kann. Er spricht sie aber durch eine mit Anknüpfungsimpulsen exemplarisch dargestellte Situation alle mit an. Im folgenden einige Beispiele für solche Impulse:

Thema: „Mitverantwortung"

- Soll doch jeder vor seiner eigenen Tür kehren.
- Soll doch jeder seinen Kram alleine machen.
- Da läßt sich doch nichts ändern.
- Die da oben machen doch, was sie wollen.
- Man muß eben zufrieden sein.
- Jeder für sich und Gott für uns alle.
- Da mache ich nicht mehr mit; ich bin doch nicht verrückt.
- Der ist unmöglich.

Was sind für dieses oder jenes Problem geeignete Anknüpfungsimpulse? Was sagen Menschen in von diesem oder jenem Problem geprägten Situationen? Solche Fragen zu beantworten, ist ein Weg, Situationen zu erschließen.

2. Konsequenzenanalyse

Konsequenzenanalyse meint das Vorhersagen von Folgen, die eintreten, wenn bestimmte Bedingungen gegeben sind. Nach Kirst / Diekmeyer geht es bei der Kreativitätstechnik „Konsequenzenanalyse" darum, mit den Ereignissen der Zukunft zu spielen wie ein Jongleur mit seinen Bällen[2]. Nachdem die Ausgangssituation in Stichworten beschrieben ist, wird nach allen möglichen Konsequenzen gefragt, die sich aus der Anfangssituation ergeben. Bei der Beschreibung der Konsequenzen stellen sich von selbst folgende Sprachmuster ein: deshalb ..., infolgedessen .... und so ...

Übung: „Welche Folgen hat es, wenn ein Mitarbeiter (Ehepartner, Kind, Student ...) nicht bestätigt und auch auf seine Fehler nicht hingewiesen wird?"
Versuchen Sie eine Konsequenzenanalyse!
Lesen Sie anschließend die folgende Predigt, die das

[2] W. Kirst/U. Diekmeyer: Creativitätstraining, Stuttgart 1972, 45.

gleiche Verhaltensmuster in zwei verschiedenen Situationen durchspielt und dabei die Konsequenzen dieses Verhaltens analysiert.

Den Bruder gewinnen

Dag Hammarskjöld, als UN-Generalsekretär bei einem Flugzeugunglück im Inneren Afrikas 1961 ums Leben gekommen, erzählt folgende Begebenheit aus der Zusammenarbeit mit einem seiner Mitarbeiter:

„Er war unmöglich. Nicht etwa, daß er seine Arbeit nicht tat: Im Gegenteil, er verwandte unendliche Mühe auf die Aufgaben, die man ihm übertrug. Sein Verhalten aber brachte ihn mit jedermann in Konflikt und begann schließlich den ganzen Betrieb zu stören.

Als die Krisis eintrat und alles an den Tag kam, beschuldigte er uns andere. Bei ihm sei nichts, aber auch gar nichts zu tadeln. So stark war offenbar seine Selbstachtung an die Vorstellung gebunden, er sei schuldlos, daß es förmlich widerwärtig war, Schritt für Schritt auf die Widersprüche in seiner Verteidigung hinweisen zu müssen, ihn Stück für Stück vor sich selbst zu entkleiden. Die Gerechtigkeit gegen die anderen erforderte dies aber. Als sein letzter Lügenfetzen fiel und nichts mehr zu sagen war, brach er in ein krampfhaftes Schluchzen aus: Warum habt ihr mir nie geholfen, warum habt ihr mich nicht zurechtgewiesen ...? Ich habe gefühlt, daß ihr gegen mich eingestellt seid. Und die Angst und Unsicherheit haben mich immer weiter in das hineingetrieben, was ihr nun tadelt. Alles war so schwer. Eines Tages, kann ich mich erinnern, war ich glücklich: Einer von euch hatte gesagt, etwas, was ich tat, sei richtig gewesen ...

So wurde letzten Endes alles zu unserem Fehler."

Mich hat diese Begebenheit betroffen und nachdenklich gemacht. Vielleicht ergeht es Ihnen ähnlich. Aber warum eigentlich? Ist es nicht eine Geschichte, die in unzähligen Variationen tagtäglich sich ereignet?

„Meine Frau ist unmöglich!" dachte der junge Mann, nachdem er vier Jahre verheiratet war. Sie vernachlässigt die

Kinder, sie stellt ungeheuer hohe Ansprüche für sich selbst und in unserem Geschäft engagiert sie sich fast gar nicht. Die Mutter des jungen Mannes unterstützt ihn in seiner Meinung: Mit dem Geld konnte deine Frau schon früher nicht umgehen! Und seine Schwester meint: Arbeiten hat sie eben nie gelernt! Sie ist eben unmöglich, so sagen alle. Und: In unserer Familie ist schließlich immer alles in Ordnung gewesen! — Deshalb blieb der jungen Frau wahrscheinlich kaum etwas anderes übrig, als nach viereinhalb Jahren ihre Koffer zu packen und mit den beiden Kindern zu ihren Eltern zu fahren. — Inzwischen ist sie zwar wieder bei ihrem Mann. Aber ob die beiden wirklich neu miteinander leben werden, hängt sicher nicht nur von der jungen Frau ab.

Ja, in unseren Kreisen ist immer alles in Ordnung gewesen. Wer zu uns gehören will, muß eine „reine Weste" haben. Diese Einstellung dürfte wohl auch vor zwei Jahren eine entscheidende Rolle gespielt haben, als man hart um einen Weihbischof diskutierte, den man auch „unmöglich" fand. Ein Mann, dessen Vergangenheit nicht „astrein" sei, könne eine solche Funktion in der Kirche nicht übernehmen. Sie wissen, ich denke an Weihbischof Defregger. Er wurde schließlich zumindest der Ausübung seines Amtes wieder quasi enthoben.

Hammarskjöld erzählt also wirklich nichts anderes als eine Variation der Geschichte, die sich tagtäglich tausendfältig ereignet: Der „Unmögliche" wird von denen, die sich selbst für „möglich" halten, „großzügig" toleriert, wenn er noch „unmöglicher" wird, schweigend isoliert und auf diese Weise vielleicht schließlich vollends ruiniert. In der Tat: eine alltägliche Geschichte — aber mit einem nicht alltäglichen Ausgang! Denn wann bringen wir es fertig zu gestehen: „Sein Versagen — das Versagen meines Mannes, meiner Frau, meines Kollegen, meines Schülers, meines Sohnes, meines Freundes — ist mein Fehler!" Ich glaube, dieser Ausgang ist es, der uns durch diese Geschichte so betroffen sein läßt.

Blenden wir noch einmal zurück auf unser erstes Beispiel: Wenn der junge Mann sich auf ein Gespräch mit seiner

Frau eingelassen hätte, wäre er wahrscheinlich bei der Auseinandersetzung um all das, was an ihr unmöglich war, auch auf „unmögliche" Züge an sich selbst gestoßen: z. B. daß er vielleicht trotz der zwei Kinder und der damit und mit dem Geschäft verbundenen Belastung für seine Frau auf weite Strecken der verwöhnte und selbst umsorgte Sohn seiner Mutter geblieben war, anstatt seinerseits sorgender Gatte und Vater zu werden.

Ein unheimlicher Vorgang: Alles, was an dem anderen „unmöglich" ist, droht mich selbst mit all meinen „unmöglichen" Zügen zu entlarven, wenn ich mich auf ihn einlasse. Deshalb ist es sicherer und bequemer für mich, seine „Unmöglichkeiten" großzügig zu tolerieren; wo meine Toleranzschwelle erreicht ist, übersehe ich ihn schweigend, isoliere ihn; und wenn ich auch dann meiner eigenen Gerechtigkeit noch nicht sicher genug bin, bleibt mir immer noch die Möglichkeit, ihn noch „schwärzer" zu machen, als er ist, damit meine „weiße Weste" eindeutig von der seinen absticht. Sie wissen, mit welcher Grausamkeit wir den anderen zum „Sündenbock" machen können, nur um unser eigenes Versagen nicht eingestehen zu müssen; „Anschwärzer" gibt es vom Kindergarten bis hinauf in oberste Behörden. Aber wer ist schließlich so gerecht, so ganz „möglich", daß er die Entlarvung nicht fürchten müßte. Müssen wir nicht ganz einfach den anderen „anschwärzen", isolieren — und sei es auch nur in Gedanken —, um unser eigenes Gleichgewicht auch nur halbwegs zu erhalten?

Das Evangelium, meine ich, ist ein Angebot der Befreiung von diesem Zwang. Dem Text, den wir heute gehört haben, geht bei Matthäus das Gleichnis vom verlorenen Schaf voraus, dem der Hirt nachgeht. Dieses Gleichnis und — im Zusammenhang damit — das Wort vom Bruder, der sündigt, sagen uns: Gott rechnet damit, daß wir „unmöglich" sind. Er rechnet damit, daß wir uns verlieren, wie das Schaf, das die Herde verläßt. Aber der Hirt steigt dem Schaf nach. Es läßt Gott nicht gleichgültig, daß wir uns verlieren; er geht uns nach — in seinem Sohn —, weil er „ja" zu uns sagt, obwohl wir unmöglich sind, besser: weil wir unmöglich sind.

Und hier gründet die ungeheure Möglichkeit, die im heuti-
gen Evangelium aufleuchtet: Es ist möglich, daß ich dem
Bruder, der sündigt, nachgehe. Es ist möglich, daß ich ihn zu-
rechtweise — „warum habt ihr mich nicht zurechtgewiesen?"
schluchzt der Mann in der Geschichte Hammarskjölds. —
Es ist möglich, daß ich ihm helfe — „warum habt ihr mir
nicht geholfen?" klagte er seine Kollegen an. Ich kann ihm
nachgehen, weil ich erfahren habe, daß ein anderer auch
mir nachgeht; ich kann ihn zurechtweisen, weil auch ich
mich zurechtweisen und d. h. in Frage stellen lasse; ich
kann ihm meine Hilfe anbieten, sich von seinen Masken
und Verkleidungen zu befreien, weil ich selbst bereit bin,
mich entlarven zu lassen.

Ob nicht deshalb manche sogenannte „Bekehrungsver-
suche" scheitern, weil sie mehr der eigenen Rechtfertigung
dienen, als daß sie den Bruder gewinnen wollen, mit dem
ich mich solidarisch weiß: solidarisch, weil wir beide zwar
„unmöglich", aber geliebt, d. h. erlöst sind. Die Zurecht-
weisung, die in dieser Solidarität geschieht, hat Aussicht,
den Bruder zu gewinnen. Und anstelle der tödlichen Isolie-
rung könnte dann über uns die Verheißung vom Schluß
des heutigen Evangeliums stehen:

„Wo zwei oder drei in meinem Namen versammelt sind,
da bin ich — der Auferstandene, der alles neu macht —
da bin ich mitten unter ihnen."[3]

3. VERFREMDEN DURCH ANTITEXTE

1. Ein Beispiel: Der verlorene Sohn (Lk 15,11-32)

Ein Vater hatte zwei Söhne. Der jüngere wollte von zu
Hause weg und verlangte deshalb sein Erbteil. Der Vater
teilte das Vermögen auf. Der jüngere Sohn zog von zu
Hause fort. Ihm war es dort zu eng und stickig geworden.
In der Fremde konnte er leben, wie er es wollte. Er lebte
frei, feierte Feste und kümmerte sich nicht darum, was die
Leute über ihn dachten und von ihm sagten. Bei seinem

---

[3] G. Büttner, hektographiertes Manuskript.

verschwenderischen Leben geriet er in Geldknappheit. Bei Gelegenheitsarbeiten stotterte er das Notwendigste zum Leben zusammen, merkte aber zugleich, wie hart das Arbeiten war. Sehr hart. Zu hart! Diese Quälerei war ihm auf Dauer gesehen zu lästig und verdarb ihm den Geschmack am Feiern. Dann wollte er doch lieber zu Hause gesichert leben. Also ging er nach Hause zurück.

Er entschuldigte sich bei seinem Vater, um gut aufgenommen zu werden: Ich habe dein Geld in Vergnügen getauscht, deine Vorschriften in die dummen Einfälle der Phantasie, die Zucht und Ordnung in eigenes Wünschen und freies Sichausleben. Du siehst, wo ich mit dieser Lebensweise gelandet bin. Ich möchte gerne wieder bei dir leben und zu einem geregelten und ordentlichen Leben kommen.

Der Vater aber erboste über diese Entschuldigung seines Sohnes. Zu lange hatte er das Gerede der Nachbarschaft mit anhören müssen. Jeder Gedanke an seinen Jüngsten hatte ihm Verdruß und Ärger bereitet. Zu lange hatte er die Verletzung, die sein Sohn ihm zugefügt hatte, in sich hineingefressen. Jetzt fand er Gelegenheit, den angestauten Haß zu entladen. Erbost fuhr er seinen Sohn an und schickte ihn fort: Komm nicht noch einmal in mein Haus zurück! So wenigstens wollte der Vater seiner Nachbarschaft beweisen, wie er von der Lebensweise seines Sohnes dachte. „Konsequent sein muß man ja", sagte er sich.

Der ältere Sohn hatte das gehört. Der ganze Mißmut, den ihm das anstrengende Leben zu Hause bereitet hatte, verstärkt durch den geheimen Neid auf seinen Bruder, wandelte sich augenblicklich in Freude. Er bestätigte seinen Vater. Dieser dachte: Wenigstens ein Vernünftiger in der Familie.

Was geschieht beim Hören dieser Umkehrung?
1. Beim Hören des ursprünglichen Gleichnisses tauchen in der Erinnerung oft gehörte Auslegungen dieses Gleichnisses auf: barmherziger Vater – leichtsinniges Leben – verzeihende Liebe. Der Hörer weiß nach den ersten Worten, wie die Predigt enden wird. Er schaltet ab, weil er glaubt, alles sei bekannt wie die Zeitung von gestern.

2. Die Umkehr der Pointe im Gleichnis bricht diese Denk-
   schablonen auf, indem sie der scheinbar „selbstverständ-
   lichen" die entgegengesetzte Verhaltensweise gegen-
   überstellt. Vielleicht entdeckt der Hörer in der Begegnung mit dem befremdend Auffälligen im Antigleichnis
   etwas Vertrautes wieder: das Verhalten vieler Menschen
   im Alltag. Er wird nachdenklicher. Die Hauptaussage
   des Gleichnisses wird durch den Kontrast neu beleuchtet.

Nachdenklich stimmen und den ursprünglichen Text in
einem neuen Licht sehen lassen — das ist das Ziel der
Verfremdung durch Antitexte.

Nach de Bono liegt der Wert dieser Umkehrtechnik vor
allem darin, daß provozierende Alternativen geschaffen
werden, die die Informationen aus ihrer ursprünglichen
Gebundenheit befreien[1]. Anders denken und anders handeln — ist das Ziel, das beim Hörer erreicht werden soll.

2. Methodische Schritte bei der Konstruktion von Antitexten

(1) Mir geht auf, daß ein Text (Gleichnis, Erzählung, Be-
    richt, Spruch usw.) vertraut, bekannt und für mich
    nichtssagend ist und wieder neu zum Sprechen ge-
    bracht werden muß.

(2) Dazu ist zunächst eine gründliche exegetische Arbeit
    am Original notwendig. Ich arbeite die Pointe heraus.
    Für die weitere Arbeit kann es hilfreich sein, die
    Pointe in einem Satz (Kernsatz) zu formulieren, wenn
    möglich im vorgegebenen Bildrahmen. Der Rahmen
    des Vertrauten wird noch nicht überschritten.

(3) Der Kernsatz wird so umformuliert, daß er genau das
    gegenteilige Verhalten oder die gegenteilige Auf-
    fassung aussagt.

(4) Die Ausgestaltung des Gegenteils geschieht in der
    Form des Gleichnisses, der Erzählung, des Be-
    richtes, des Spruches usw.

(5) Die Ausgestaltung der Umkehrung kann ich im vor-

---

[1] Vgl. J. Sikora: Die neuen Kreativitätstechniken. Mehr Erfolg durch
schöpferisches Denken, München 1972, 74.

gegebenen oder im aktualisierenden Bild- und Sprachhorizont durchführen.

(6) Das Ausgestalten der charakteristischen Einzelheiten bedarf besonderer Sorgfalt (Freude am Detail!).

3. Beispiele

a) Der barmherzige Samariter (Lk 10,25-37)

Exegetische Überlegungen

Das Gleichnis vom barmherzigen Samariter ist in sich schon eine Umkehrung zur Zeit Jesu gängiger Verstehens- und Verhaltensweisen. Der ketzerische Samariter wird — im Gegensatz zu den Volksgenossen Priester und Levit — als Vorbild hingestellt. Vom Standpunkt des Überfallenen aus soll der jüdische Hörer das Verhalten der drei exemplarischen Figuren miterleben, sich über rechtes mitmenschliches Verhalten ein Urteil bilden und zu entsprechender Tat aktiviert werden. Vermeintlich war ihm ja klar, was das rechte Verhalten zum Mitmenschen war. Nun erlebt er aus der Sicht des unter die Räuber Gefallenen das Vorübergehen des Leviten und Priesters. Mögen sie noch so dringende Gründe für ihr Verhalten anführen können, der Verwundete muß ihr Verhalten als unmenschlich charakterisieren. Damit geschieht eine Demaskierung: Der Volksgenosse drückt sich vorbei an der Erfüllung des obersten Gebotes. Nun erlebt der jüdische Hörer aus der Sicht des Verwundeten das Kommen des Samariters, von dem er nach allen Regeln der Vernunft nichts zu erwarten hatte. Und gerade der hilft. Das ist für jüdische Ohren eine Herausforderung. Die oft durchbuchstabierte und durch Tradition eingeschliffene Selbstverständlichkeit der Schriftgelehrten, Nächstenliebe zu üben, zerbricht. Der „Nächste" wird aus seiner erstarrten Begrifflichkeit und Formelhaftigkeit herausgeholt[2]. Die Umkehrung der gewohnten, aber kaum reflektierten Verhaltensweise „Nächstenliebe", die in Wirklichkeit als frommes Gerede entlarvt wird, will zu

---

[2] Vgl. H. D. Bastian: Verfremdung und Verkündigung. München 1967, 39—40.

der ungewöhnlichen Tat anregen, jeden Mitmenschen als Nächsten zu betrachten und zu behandeln.

Die heutige Situation

Für den heutigen Hörer ist nicht nur der Begriff „Nächstenliebe" selbstverständlich geworden, das ganze Gleichnis ist zur Schablone erstarrt. Wer dieses Gleichnis hört, hört auch immer schon die Predigt mit, die das Thema „Du sollst sein wie der Samariter!" in irgendeiner Weise variieren wird. Der Hörer identifiziert sich sofort mit dem Samariter, im Gegensatz zum ursprünglichen Hörer.

Antitext

Beispiel 1: Ein Kaufmann verunglückt auf der Autobahn. Er sieht einen berühmten Prediger in breitem Tourenwagen vorbeifahren. Der Prediger ist unterwegs zu einem Vortrag. Auch ein Professor der Theologie kommt im Sportwagen vorbei und fährt gedankenverloren weiter. Ein Fremdarbeiter aus Italien schließlich — in vollgepacktem Auto zu einem Kurzurlaub unterwegs — hält und hilft[3].

Diese scheinbare Aktualisierung bleibt im Klischee. Sie durchbricht die Selbstverständlichkeit des „Du sollst sein wie der Samariter" nicht.

Beispiel 2: „Bedingungsloser Einsatz"

„Einer seiner Anhänger meldete sich zu Wort. Er wollte ihn beeindrucken und sagte: ,Boß, was muß ich tun, damit ich zu deiner Elite gehöre?' Er erwiderte dem Mann: ,Du weißt, was in den Richtlinien steht?'

Der Mann antwortete: ,Du sollst unsere Sache bejahen — vorbehaltlos, und du sollst dich für die Revolution einsetzen — bedingungslos!' Der Boß kommentierte: ,Genau! Richte dich also danach!' Der Mann wollte zeigen, daß mehr hinter seiner Frage steckte, und sagte: ,Was heißt das aber: bedingungsloser Einsatz?' Der Boß verdeutlichte durch ein Beispiel: ,Splitter einer explodierenden Granate erwischten einen Ge-

---

[3] Vgl. G. Rempel: Die unverhoffte Party. Gleichnisse für Leute von heute, Wuppertal 1973, 17—20.

genrevolutionär. Er blieb am Leben. Aber schwer ver-
wundet lag er da. Da kam mit einer entscheidenden
Meldung einer seiner Leute in größter Eile. Sah ihn.
Ließ sich aber nicht aufhalten. Ein zweiter Gegen-
revolutionär kreuzte auf. Sah ihn und bemerkte, daß er
Waffen bei sich hatte. Murmelte etwas von Durchhalten
und rannte weiter. Es kam aber auch ein Revolutionär.
Er sah ihn in seinem Blute, hielt an und sagte: ‚Ich
könnte dir helfen. Aber du bist ein Gegenrevolutionär.'
Und er erschoß ihn. Wer von den dreien zeigte be-
dingungslosen Einsatz?

Der Mann sagte: ‚Alle drei!' ‚Genau', erwiderte der
Boß. ‚Richte dich also danach!'"[4]

Die vorbehaltlose Bejahung partikulärer Interessen und
der Einsatz dafür werden im Antitext als tötendes Verhalten entlarvt. Die Ermordung des Gegners im Antigleichnis will aus der Blindheit des Egoismus aufschrecken und
einen Kontext erstellen, in dem das ursprüngliche Gleichnis wieder zur Tat motiviert, zu vernünftigem Verhalten
anregt, das sich nach der Maxime richtet: Denke nicht eher
und nicht mehr an die Erfüllung deiner partikulären Interessen, als das Gesamtinteresse (Gleichheit, Frieden und
Überleben für alle) durch deine Mithilfe befriedigt ist.

Übertragungsmöglichkeiten für die Predigt

Ist im Verhalten des Revolutionärs nicht „natürliches" Verhalten dargestellt? Ist es nicht „natürlich", einem Lei-
denden — über die Mauern der Ideologie hinweg — nicht
zu helfen? Helfen wir nicht viel lieber Menschen, die uns
nahestehen, als denen, die nichts mit uns zu tun haben?
Und bin ich bereit, mir von Mitgliedern fremder Gruppen
helfen zu lassen? Bin ich nicht äußerst mißtrauisch? Ist
sich-nicht-helfen-lassen nicht ein bewußter Schutz der
Gruppe vor Übergriffen durch die andere Gruppe?
Mitmenschliche Hilfe kann bedingungslosen Einsatz blockieren. Der Gedanke an das Wohl der Menschen kann
das bedingungslose Vorantreiben des technischen Fort-

---

[4] Vgl. W. Erl/E. Gaiser: Neue Methoden der Bibelarbeit. Vom Antigleichnis zum Zeitungsbericht, Tübingen 1969, 21—22.

schritts blockieren. Das notwendige Mitkommen der Entwicklungsländer kann das bedingungslose Hinauftreiben unseres Lebenstandards stoppen. Die Fixierung auf die Befriedigung partikulärer Interessen und der rücksichtslose Einsatz dafür können zum sozialen, seelischen und tatsächlichen Tod anderer Menschen und zur Eigenvernichtung führen.

b) Pfingsten — das Fest der Veränderung (Apg 2,1-11)

„Inkonsequent"[5] *hat Lothar Zenetti den folgenden Text überschrieben:*

> *„Frag hundert Katholiken,*
> *was das wichtigste ist*
> *in der Kirche.*
>> *Sie werden antworten:*
>> *Die Messe.*
> *Frag hundert Katholiken,*
> *was das wichtigste ist*
> *in der Messe.*
>> *Sie werden antworten:*
>> *Die Wandlung.*
> *Sag hundert Katholiken,*
> *daß das wichtigste in*
> *der Kirche die Wandlung ist.*
>> *Sie werden empört sein:*
>> *Nein, alles soll bleiben wie es ist."*

Dieser Text von Zenetti diente als Leitfaden für den folgenden Antitext zur Pfingstperikope:

Alles soll bleiben wie es ist! — Wäre das das Motto des christlichen Glaubens, dann müßte man die Pfingstgeschichte so erzählen:

Als der Pfingsttag gekommen war, befanden sich alle am gleichen Ort. Sie freuten sich, beieinander zu sein. Am Himmel regte sich kein Lüftchen!

So kam es, daß sie friedlich unter sich blieben. Es störte sie keiner — wer sollte sie auch schon stören? Sie frischten Erinnerungen an Jesus auf; sie erzählten sich dies und

---

5 L. Zenetti: Texte der Zuversicht. München 1972, 207.

jenes — und das konnten sie in ihrer eigenen Sprache. Die Fenster öffneten sie nur gelegentlich, um ein wenig zu lüften. In den Straßen um ihr Haus herum tummelten sich an diesem Tag Leute aus aller Herren Länder: Parther, Meder, Elamiter, Bewohner von Mesopotamien, Kappadozier — wie gesagt, aus aller Herren Länder. Sie unterhielten sich über vieles, manche auch über Jesus und seine Anhänger: „Man hört nichts mehr von der Sache. Sie scheint sich erledigt zu haben!" Dann wechselten sie das Thema und sprachen wieder über die Schriftauslegung von Rabbi Benjamin am Morgen in der Synagoge. Sie gingen weiter, ohne etwas erlebt zu haben — der Pfingsttag, ein Tag wie jeder andere!

In der kleinen Gruppe aber hielt Petrus eine Rede:

„Liebe Freunde in der Erinnerung an Jesus! Inzwischen haben wir uns daran gewöhnt, daß unser Freund Jesus nicht mehr bei uns ist. Von den Juden haben wir nichts mehr zu befürchten, denn langsam haben sie sich beruhigt. Warum sollten wir von der Sache wieder anfangen? Wir haben unsere Ruhe. Das ist gut so, das soll so bleiben! Dann und wann wollen wir uns treffen, um das Andenken an ihn in Ehren zu halten. Im übrigen soll alles so bleiben, wie es ist. Das ist für die Beteiligten das Angenehmste. Fremde können in unserer Gruppe nur stören."

Soweit Petrus.

Die Jünger trafen sich noch öfters, fingen an, sich zu langweilen — und die Mittelmäßigkeit erlebte Höhepunkte. Mit den Jahren starben sie. So ging die Sache Jesu zu Ende. Man redete nicht mehr viel darüber, denn Belanglosigkeiten haben das gleiche Schicksal wie Eintagsfliegen.

Zur Predigt:
Der zweite Teil der Predigt muß den Duktus der Antigeschichte weiterführen. Er könnte z. B. so aussehen:
„Alles soll bleiben, wie es ist", dieser Leitspruch ist antipfingstlich und tötet das Leben.
— Der Mensch muß sich auf dem Weg zur Reife aus vorgegebenen Geborgenheiten lösen:
   Mutterschoß — Elternhaus — Schule.

— Die Kirche lebt unter dem Gesetz der Veränderung:
der Columbus-Mut des Petrus, des Paulus, der Mis-
sionare, der Theologen, Johannes XXIII.
Pfingsten: Petrus ging hinaus und predigte.
Pfingsten als Fest der Ermunterung zur Veränderung.

c) Ein Beispiel aus der Dichtung:

Schrifttexte:

Mt 7,15: Hütet euch vor falschen Propheten. Sie kommen
in Schafspelzen, in Wirklichkeit aber sind sie reißende
Wölfe.

Joh 10,12: Aber der Tagelöhner, der nicht Hirte ist und dem
die Schafe nicht gehören, läßt die Schafe im Stich,
wenn er den Wolf kommen sieht; und der Wolf reißt
und versprengt sie.

Die Assoziationskette, die sich einstellt:

Wolf, böser Wolf; zuschlagen, reißen, angreifen, töten,
überfallen; böse, aggressiv, zerstörerisch;
homo homini lupus; sich stürzen auf alles, was einem
fremd vorkommt und anders ist als man selbst; mehr töten
als fressen können. In einer Welt von Wölfen herrschen
Egoismus und Brutalität.

Antitext: „verteidigung der wölfe gegen die lämmer"

hans magnus enzensberger[6]

soll der geier vergißmeinnicht fressen?
was verlangt ihr vom schakal,
daß er sich häute, vom wolf? soll
er sich selber ziehen die zähne?
was gefällt euch nicht
an politruks und an päpsten,
was guckt ihr blöd aus der wäsche
auf den verlogenen bildschirm?

wer näht denn dem general
den blutstreifen an seine hose? wer
zerlegt dem wucherer den kapaun?

---

[6] Vgl. H. M. Enzensberger: Gedichte. Suhrkamptexte Bd. 10. Frankfurt
1962, 29—30.

wer hängt sich stolz das blechkreuz
vor den knurrenden nabel? wer
nimmt das trinkgeld, den silberling,
den schweigepfennig? es gibt
viel bestohlene, wenig diebe; wer
applaudiert ihnen denn, wer
steckt die abzeichen an, wer
lechzt nach der lüge?

seht in den spiegel: feig
scheuend die mühsal der wahrheit
dem lernen abgeneigt, das denken
überlassend den wölfen,
der nasenring euer teuerster schmuck,
keine täuschung zu dumm, kein trost
zu billig, jede erpressung
ist für euch noch zu milde.

ihr lämmer, schwestern sind,
mit euch verglichen, die krähen:
ihr blendet einer den andern.
brüderlichkeit herrscht
unter den wölfen:
sie gehen in rudeln.

gelobt sein die räuber: ihr,
einladend zur vergewaltigung,
werft euch aufs faule bett
des gehorsams, winselnd noch
lügt ihr, zerrissen
wollt ihr werden. ihr
ändert die welt nicht.

Dieses Gedicht ist eine Art Publikumsbeschimpfung: Die
Zaungäste der Zeit werden im Bild von den Lämmern
denunziert. In aggressiver Polemik wird das blöd-passive
Verhalten der Lämmer und das wesensgemäße Verhalten
der Raubtiere herausgestellt: Die Lämmer bestätigen
durch ihr Verhalten das Schalten und Walten der Autoritä-
ten, deren Legitimation nicht hinterfragt wird. Das Gedicht
zielt auf das Anti jener Verhaltensweisen, die im ‚Schafstall' vorherrschen:

Feigheit; Scheu, die Mühsal der Wahrheit auf sich zu nehmen; Unwilligkeit zu lernen; Unfähigkeit, Täuschungen zu durchschauen; Gedankenlosigkeit; ‚blinder‘ (= geistloser) Gehorsam. Die Lämmer wollen sich nicht verändern, ihnen gefällt ihre Situation. Der böse Wolf soll sie doch in Ruhe lassen. Er soll sich selber die Zähne ziehen. Sie wollen in ihrer Blindheit nicht gestört werden, auch wenn es in ihren Reihen nicht immer gerade schwesterlich zugeht. Sie blenden einander, sie täuschen einander und machen einander blind.

Die Wölfe dagegen sammeln sich zu Rudeln, um gemeinsam zu sein und gemeinsam zu handeln. Ihre Brüderlichkeit ist ein Teil ihrer Stärke, so daß sie handeln können und nicht behandelt werden. Sie ändern die Welt.

Der Verhaltensforscher E. Zimen attestiert dem verleumdeten Stammvater der Hunde fast ausschließlich positive Eigenschaften: soziales Verantwortungsbewußtsein, starker Familiensinn, ausgeprägte Kinderliebe, lebenslange Gattentreue.

In der Zuspitzung des Schlusses liegt die Aufforderung des Autors, den Fatalismus zu überwinden, den Zeitgenossen ‚außer sich‘ zu bringen, daß er seine Lage erkennt und sich entschließt, seine Lage zu ändern.

Die Wölfe verdienen Verteidigung, solange die Lämmer nicht aufhören zu beklagen, was sie selbst verschulden: ihr uninteressantes Dahinleben in Knechtschaft. Die Herausforderung, durch menschliches Handeln (Brüderlichkeit) unmenschliche Daseinsbedingungen zu überwinden, gibt der polemischen Aggression ihre konstruktiven Züge[7].

Gedankenimpulse für eine Predigt:

Wider den Fatalismus unter den Gläubigen

— Welche Haltungen schreiben Außenstehende den Christen zu?

Demut, Gehorsam, Vertrauen, Ordnungsliebe.

Eine Imagestudie zum typischen Kirchgänger: nicht unbedingt ein Erfolgsmensch, Angst vor Konflikten, steht

---

[7] Kommentar in engem Anschluß an: F. Kienecker: Der Mensch in der modernen Lyrik. Eine Handreichung zur Interpretation. Essen 1970, 84—88.

nicht so ganz im Leben, gutmütig und leicht auszunutzen, nicht beteiligt am aktiven Gesellschaftsleben, brav und auf Ordnung bedacht.
— Welche Haltungen müßten verteidigt werden? Widerspruchsmut, Mißtrauen, Fragefreudigkeit, Bereitschaft zur Veränderung, Zivilcourage.
— Zivilcourage fängt damit an, daß einer den Mut hat, er selbst zu sein, den Mut, das notwendige Ja und das notwendige Nein zu sagen und nach seinem Gewissen zu handeln. Daraus wächst der Mut, sich trotz bitterer Enttäuschungen durch Mitmenschen dennoch für Mitmenschen einzusetzen.
— So hat Jesus gelebt. Weil er an Gott gebunden war, wußte er sich frei von Menschengunst und Menschenmeinung. Abgelehnt von seinen Landsleuten lebte er dennoch weiter für die Menschen.
— Von seinem Leben geht Ermutigung aus, verantwortungsbereit zu leben: Widerstehen, wo alle mitmachen — sich einsetzen, wo alle abseits stehen.

d) Die Seligpreisungen der Bergpredigt (Mt 5,3-10) und der Katalog unserer Leistungsgesellschaft[8]

— Verraten sind die Armen, denn sie haben nichts einzubringen.
— Verraten sind die Leidtragenden, denn sie sind ausgeschlossen aus der Gesellschaft.
— Verraten sind die Sanftmütigen, denn sie werden an die Wand gedrückt werden.
— Verraten sind, die hungern und dürsten nach Gerechtigkeit, denn Macht geht vor Recht, und Geld regiert die Welt.
— Verraten sind die Barmherzigen, denn Undank ist der Welt Lohn.
— Verraten sind, die reinen Herzens sind, denn sie werden übers Ohr gehauen.

---

[8] H. Zahrnt: Mt 5, 1—12, in: Ich aber sage euch. Sechs Bibelarbeiten zur Bergpredigt. Berlin/Stuttgart 1969, 124.

— Verraten sind die Friedfertigen, denn sie werden zwischen die Fronten geraten.
— Verraten sind, die um der Gerechtigkeit willen verfolgt werden; denn am Ende ist doch alles umsonst.

In diesen Anti-Sprüchen formuliert H. Zahrnt die geltenden Normen einer Leistungsgesellschaft (der jüdisch-pharisäischen, der mittelalterlich-religiösen, der modern-rationalen). In der Bergpredigt widerspricht Jesus dieser Lebensweise. Eigentlich sind seine Aussagen Anti-Sprüche (widersprechen). Er beurteilt den Menschen nicht nach seiner Leistung, sondern nach seiner Bereitschaft, auf Gott hin offen zu leben. Dieser ganz andere Standpunkt bricht die festgefahrenen menschlichen Denkweisen auf und zerreißt die Fesseln der Gewohnheit, so daß glücklicheres Leben geahnt werden kann.

e) Laßt die Erwachsenen zu mir kommen (Mk 10,13-16)

Der folgende Entwurf zeigt, wie ein Antitext in die Predigt eingearbeitet ist.

„Wie die Alten sungen, so zwitschern auch die Jungen."
Mit einigen Abstrichen ist das auch heute (noch) so. Kinder orientieren sich an Erwachsenen. Und was Kinder den Erwachsenen oft alles nachmachen!!!
Kinder spielen Kaufladen und ahmen so die Geschäftswelt der Erwachsenen nach. — Kinder spielen Kirche und ahmen so die Feier eines Erwachsenengottesdienstes nach. — Kinder spielen Krieg und ahmen so die abscheulichste Wirklichkeit des Menschen nach.
Ja, Kinder machen den Erwachsenen vieles nach, viel Gutes, aber auch manches Unschöne. Orientierung am Erwachsenen!
Und die Erwachsenen sorgen schon dafür, woran sich Kinder zu orientieren haben. Was ein Kind im Laufe seiner Kindheit so alles gesagt bekommt, hat Bert Brecht in ein Gedicht gebracht:

„Was ein Kind gesagt bekommt"
Der liebe Gott sieht alles,

Man spart für den Fall des Falles,
Die werden nichts, die nichts taugen.
Schmökern ist schlecht für die Augen,
Kohlentragen stärkt die Glieder,
Die schöne Kinderzeit, die kommt nie wieder.

Man lacht nicht über ein Gebrechen.
Du sollst Erwachsenen nicht widersprechen.
Man greift nicht zuerst in die Schüssel bei Tisch.
Sonntagsspaziergang macht frisch.
Zum Alter ist man ehrerbötig,
Süßigkeiten sind für den Körper nicht nötig.

Kartoffeln sind gesund.
Ein Kind hält den Mund.

Orientierung am Erwachsenen durch Erwachsene!
Dann hätte Mk 10,13-16 zu berichten:
„Da brachte man Kinder zu Jesus, damit er sie segne.
Die Jünger, durchaus kinderlieb, schoben die Kinder nach
vorne, wo Jesus mit einigen Pharisäern stand und disku-
tierte. Als Jesus das sah, wurde er unwillig und fuhr die
Jünger an: ,Haltet mir die Kinder vom Halse, denn wir
planen das Reich Gottes; und das ist nichts für Kinder.'
Und zu den Pharisäern gewandt sagte er: ,Das Reich Got-
tes ist Männersache. Amen ich sage euch: Wer das Reich
Gottes nicht an sich reißt wie ein tüchtiger Mann, der was
leistet, wird nicht hineinkommen.'
Und voll Anerkennung klopfte er dem Pharisäer neben
sich auf die Schulter.
Das Reich Gottes ist Männersache!
Das Reich Gottes ist nichts für Kinder!"
Aber Mk berichtet das Gegenteil: Nicht Kinder sollen sich
immer nur an Erwachsenen orientieren, sondern die Er-
wachsenen sollen sich am Kind orientieren!
Selbstverständlich bedeutet das nicht
Orientierung am Infantilen (am Kindischen!) (Untersch.:
kindlich — kindisch!), bedeutet nicht Orientierung am Nied-
lichen oder am Unernsten.
Denn man kann als reifer Erwachsener gar nicht so sorg-
los in den Tag hineinleben wie ein Kind. Man kann seine

Siebensachen nicht einfach hinwerfen, so wie ein Kind einfach alles stehen und liegen läßt, wenn es keine Lust mehr hat.

Fragen wir uns: Was kann „Orientierung am Kind" positiv für uns heißen?

Ein Kind schaut auf. Das ist das Kindlichste am Kind: seine Blickrichtung[9]. Die Jünger Jesu beschäftigen sich mit der Frage: Wer ist der Größte? Sie stellen Vergleiche an. Wer vergleicht, lebt von dem, was kleiner, tiefer, schwächer ist als er. Der Blick nach unten, von oben herab, kann für einen Erwachsenen oft die große Befriedigung bedeuten. So wie es manchem nicht genügt, reich zu sein — er will reicher sein als sein Nachbar. Wie es manchem nicht genügt, ein gutes Wissen zu haben — er will mehr wissen als der andere. Wer nach unten blickt, hat keine positiven Erwartungen mehr an seine Mitmenschen.

Die Lebenshaltung eines Kindes ist einem nach oben geöffneten Becher vergleichbar. Das Kind läßt sich etwas geben, läßt sich alles schenken. Darin liegt das Geheimnis seines Strahlens, das Geheimnis „leuchtender Kinderaugen".

Der Aufblick ist die Blickrichtung Jesu. Es wäre interessant und hilfreich, die Hl. Schrift einmal daraufhin durchzusehen, wohin Jesus seine Augen richtet. „Die Augen gen Himmel erhoben sagte er Dank..." „Das Wort, das ihr hört, ist nicht mein Wort, sondern das Wort des Vaters, der mich gesandt hat..." „Wenn ich mich selbst ehre, ist meine Ehre nichts; mein Vater ist es, der mich ehrt."

Vor Pilatus stehend: „Du hättest keinerlei Macht über mich, wenn sie dir nicht von oben gegeben wäre."

Es ist ein nützlicher Schritt zur Selbsterkenntnis, jene Stellen in unserem Leben herauszufinden, wo wir nicht mehr aufschauen. Das können unsere ‚wunden Punkte' sein. Das könnte z. B. ein Mensch in unserer Nähe sein, dessen Weniger längst zu unserem Mehr gehört.

Kinder strahlen. Wovon eigentlich? Vom Umgang mit dem Licht und mit der Wärme, die ihnen zuteil wird. Gesichter

---

[9] Dieser Gedanke ist entnommen aus H. Spaemann: Orientierung am Kinde, Düsseldorf ²1970.

von Erwachsenen strahlen oft sehr wenig aus, vielleicht deswegen, weil sie nicht mehr aufschauen.
Das Kind wächst; es wird ein Erwachsener. Nur eines wächst bei ihm nicht mit: das A u g e . Dahinter verbirgt sich Tieferes: Wie sehr sich auch die Gestalt unseres Lebens verändert, Christus fordert seine Jünger und alle Erlösten im heutigen Ev auf, daß wir das Auge des Kindes behalten, daß wir aufschauen und nicht herab.

f) Fragmente aus dem 5. Evangelium[10]

„Jesus sagte zu Maria, der Schwester des Lazarus: Dieses Parfüm um 300 Denare hätte man verkaufen müssen, um den Armen zu helfen. Judas murmelte: Da schau her! Genau das wollte ich auch sagen" (vgl. Joh 12,4-8).

„Das Himmelreich gleicht einem Hirten, der 100 Schafe besitzt. Nachdem 99 von ihnen sich verlaufen haben, wirft er dem letzten Schaf Mangel an Initiative vor, treibt es weg und schließt den Schafstall. Dann geht er ins Gasthaus und diskutiert über die Arbeit eines Hirten" (vgl. Mt 18,12-13).

„Wer Experte der Lehre des Himmelreiches ist, gleicht einem Hausvater, der die alten Dinge nicht leiden kann und vor Anbruch des Abends das wegwirft, was er am Morgen eingekauft hat" (Mt 13,52).

4. WORTSPIELE

„Es gibt Menschen, die sind so selbstlos, daß sie sich selbst los sind." Dieses Wortspiel, vor verschiedenen Hörerschaften in einer Predigt verwendet, löste folgende Reaktionen aus:

1. Aufhorchen: Die Hörer verrieten durch Kopfhaltung und Augenkontakt ein intensiveres Zuhören.
2. Nachdenken: Einen Augenblick waren die Gesichter nachdenklich. Offenbar wurde das Wort-

---

[10] G. Biffi: Das 5. Evangelium, Wien 1973, 85.67. und 58.

spiel nach-gedacht und auf seine Richtig-
keit geprüft.

3. Freude: Mancher schmunzelte aus Freude an einer
gelungenen Formulierung.

4. Zustimmung: Verbunden mit diesem Schmunzeln war
ein bestätigendes Kopfnicken.

Gespräche nach Predigten erwiesen weiter: Wortspiele
sind besonders hörerwirksam, weil sie leicht *merkbar* sind.
So dürfen wir mit einem Wortspiel sagen:
Ein Prediger, der mit Wörtern spielt, ohne verspielt zu
werden, hat bei seinen Hörern nicht verspielt!

Das Wortspiel in verschiedenen Spielarten

1. Die Abwandlung eines Wortes oder einer Redewendung

Die Wörter „leiten" und „leiden" haben so viel miteinander
zu tun wie die Wörter „lernen" und „lärmen". Ihre Bedeutungen sind grundverschieden. Aber sie sind phonetisch
verwandt; bei schlechter Aussprache oder schlechtem Zuhören kann man sie leicht verwechseln. Bringt man diese
klangverwandten, aber bedeutungsfremden Wörter[1] miteinander ins Spiel, entstehen Wortspiele wie „Wer leitet,
leidet!" oder „Die Predigt als Lärmprozeß" (ursprünglich:
„Die Predigt als Lernprozeß"). Solche Wortspiele sind
reizvoll und haben einen hintergründigen Sinn, gründen
aber nur auf phonetischer Verwandtschaft. Darum finden
sich Ansätze zu solchen Wortspielen auch am ehesten in
der Alltagssprache, weil sie die Aussprache phonetisch
gern nivelliert.
Die beiden genannten Beispiele zeigen zwei Anwendungs-
möglichkeiten dieser Wortspielart.

a) Zwei klangverwandte, aber bedeutungsfremde Wörter
werden zueinander in Beziehung gesetzt:
   — Ein Leitungsteam wird zu einem Leistungsteam!
   — Wer leitet, leidet (nicht unbedingt!)
   — Der Werbespot sorgt oft für den Werbespott!

---

[1] Vgl. B. Sowinski: Deutsche Stilistik, Frankfurt 1972, 316.

b) Ein Wort wird in einer festen Wendung durch ein klang-
verwandtes Wort ersetzt. (So entsteht eine Kurzparodie)
   - im „Drüben" fischen (= Jenseitsvertröstung)
   - Wo zwei oder drei in meinem Namen „vergammelt"
     sind . . .
   - Eine feste Burg ist unser „Trott"!
Wortspiele dieser Art werden selten zur Schlüsselidee für
eine ganze Predigt, sie bieten sich eher an, die Predigt zu
„garnieren".

2. Spiel mit Vorsilben

„Wer sich einsetzt, setzt sich aus!"
Dieses Wortspiel ergibt sich aus einer Änderung der Vorsilbe bei gleichem Stammwort. Man findet mit relativer
Häufigkeit sinnvolle Aussagen, wenn man versucht, verschiedene Wörter, die sich aus geänderten Vorsilben bei
gleichen Stammwörtern ergeben, zueinander in Beziehung
zu setzen. Auf diese Art werden Bisoziationen möglich, die
gleichzeitig durch die Wortverwandtschaft sehr dicht und
merkbar formuliert sind.
Graphisch läßt sich dieses Spiel so darstellen:

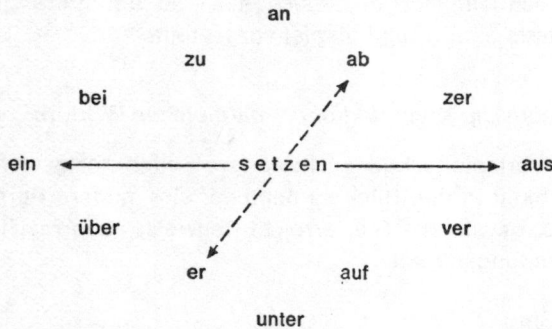

Spielregel: Versuchen Sie, Wörter, die sich aus der Kom-
bination von Stammwort und verschiedenen Vorsilben ergeben, in Sätzen zueinander in Beziehung zu setzen.

Beispiele
- Wer sich einsetzt, setzt sich aus.

- Viele werden abgesetzt, weil sie sich nicht mehr einsetzen.
- Manchen setzt man so sehr zu, daß sie sich absetzen.
- Wen man versetzt, den muß man ersetzen.
- Wer die besseren Einsichten hat, hat die besseren Aussichten.
- Wem nichts mehr auffällt, dem fällt auch nichts mehr ein!
- Sich etwas einreden, schafft Ausreden.
- Ohne Vorsicht brauchst du Nachsicht.
- Die Ansprache sprach nicht an.

Variation
Bei einer dieser Form verwandten Art des Wortspiels behält man die Vorsilbe bei und spielt mit dem Wortfeld des Stammwortes:
- Gesetze soll man nicht übertreten, aber man darf über sie hinausgehen!
- Ein Versprecher kommt nicht immer von einem Versager.
- Wer wenig überschaut, übersieht viel.
- Er ist ein Gesandter, allerdings kein geschickter!
Durch diese vorgestellten Formen des Wortspiels kann man Schlüsselideen für Predigten gewinnen. Für den Satz „Wer sich einsetzt, setzt sich aus" ist am Ende dieses Abschnitts ein Predigtbeispiel vorgestellt.

3. Chiastische Konstruktionen mit gleichen Wörtern

Diese Wortspieltechnik sucht andere Seiten der gewohnten Wirklichkeit in den Blick zu nehmen, eine andere Perspektive zu gewinnen. Sie erreicht teilweise überraschende Verfremdungseffekte.

Beispiele
Kleiner Mann ganz groß!
    Großer Mann ganz klein!
Mensch, werde wesentlich!
    Wesen, werde menschlich!
Ich glaube nur, was ich weiß!
    Ich weiß nur, was ich glaube!

Bei diesen drei Beispielen ist der erste Satz die Voraussetzung, den entscheidenden zweiten Satz als neue Idee zu gewinnen. Beide Sätze kann man aber auch miteinander ins Spiel bringen:

Lernen ohne zu denken ist eitel!
    Denken ohne zu lernen ist gefährlich! (Sprichwort)
Gib den Glücklichen Erbarmen
    und den Erbarmungswürdigen Glück!
Setze dem Überfluß Grenzen
    und laß die Grenzen überflüssig werden!
Bringe allen friedliche Arbeit
    und aller Arbeit Frieden!
Gib den Gefesselten Freiheit
    und nimm der Freiheit die Fesseln![2]

4. Wörter ent-binden

Viele zusammengesetzte Wörter sind uns so selbstverständlich geworden, daß wir ihren ursprünglichen, oft sehr bildhaften Sinn kaum noch erspüren. Wörter ent-binden kann diesen ihre ursprüngliche Aussagekraft wiederschenken und sie zu Schlüsselideen von Predigten machen.

Beispiele
ver-führen: Jemand vertraut sich der Führung eines Menschen an; der mißbraucht dieses Vertrauen und führt ihn auf einen falschen Weg.
Aus-satz: Jemand wird aus einer Gruppe herausgesetzt. Aussatz ist die einzige Krankheit, die nicht nach körperlichen, sondern nach gesellschaftlichen Symptomen benannt ist.
Ent-täuschung: Ich habe mich einer Täuschung hingegeben. Nun werde ich wieder auf den Boden der Tatsachen gestellt, ent-täuscht.
Bei diesem Stichwort eine Predigtidee zur Emmausgeschichte, Lk 24,13-35:
Die doppelte Ent-täuschung
Wenn wir etwas für wirklich halten und erfahren, es

---

[2] Vgl. A. Pereira: Jugend mit Gott, Kevelaer 1971, 10.

stimmt nicht, sind wir enttäuscht: Das von uns für wirklich Gehaltene erweist sich als Täuschung. Indem wir auf den Boden der Wirklichkeit zurückgerufen werden, werden wir ent-täuscht.

Die Jünger hielten Jesus für den Messias, den Befreier, der das Leben bringt. Er starb. Was sie für wirklich gehalten hatten, woran sie ihre Hoffnung geknüpft hatten, erwies sich als Täuschung.

Sie waren ent-täuscht „Wir hatten gehofft..." In der Auferweckung, in der Begegnung mit dem Lebenden erwies sich diese „Enttäuschung" als Täuschung: Christus i s t der Lebende:

Die Jünger wurden von ihrer Ent-täuschung ent-täuscht.

5. Spiel mit verschiedenen Bedeutungen von Homonymen

Diese Möglichkeit des Wortspiels kann Grundlage zu Gags mit Schmunzelwert sein. Der Komiker Heinz Erhard hat die Lacher auf seiner Seite, wenn er beginnt: „Ich heiße nicht nur Heinz Erhard, sondern auch Sie alle herzlich willkommen." „Die alten Römer schlugen sich nicht nur miteinander, sondern auch mit diesem Problem herum."

Bei dieser Spielart gibt es auch tiefsinnigere Wortspiele, wie etwa der folgende kurze Text von Arnfried Astel unter der Überschrift: Ausflucht

Ich werde verfolgt.
Da mache ich einen Satz
und entkomme[3].

Einen Satz machen = einen Sprung machen: Dieses Verständnis hat sich eingebürgert. Einen Satz machen = einen Satz sprechen oder schreiben: Dieses Verständnis ist in der deutschen Sprache ebenfalls möglich. Astel intendierte wohl diese zweite Aussage.

Wie das Spiel mit diesen beiden Bedeutungen zur Grundidee einer Predigt werden kann, ist am Ende dieses Abschnitts an einem Beispiel dargestellt.

---

[3] A. Astel: Notstand, Wuppertal [2]1969, 48.

6. Die Kombination von Satz-Metaphern

Kombiniert man Metaphern aus gleichen Anschauungsbereichen, entstehen Wortspiele wie:
— Ein Helfer = Er greift den Menschen unter die Arme, um sie in der Hand zu haben.
— Er hat seinen Jüngern nicht den Kopf, sondern die Füße gewaschen.
— Der Unternehmer = Er steht auf eigenen Füßen, aber auf fremden Schultern.

Abschließend:
Bei solchen Möglichkeiten des Wortspiels wird mancher Leser besorgt fragen: Ist das nicht zu verspielt, zu gaghaft, zu unernst? Sicher wird es bei der Arbeit mit dieser Technik viele Abfallprodukte, viel Kreativitätsmüll geben, Kleinigkeiten, die den Hörer erfreuen, und zentrale Predigtideen. Jedenfalls wird an dieser Stelle wiederum deutlich, daß das spielerische Durchprobieren ein wesentlicher Faktor der Kreativität ist.

Darum sei abschließend noch einmal, mit den Worten Rudolf Bohrens[4], darauf verwiesen, welche Bedeutung das Wortspiel im Predigtgeschehen haben kann: „Die Lust am Wort vollzieht sich als Spiel mit dem Wort. Wenn die Predigt ein heiliges Spiel darstellt, kann das Zwischenspiel, das vom Text zur Predigt überleitet, auch nur ein Spiel sein. Wer Lust hat am Gesetz des Herrn, wird meditierend zum Wort-Spieler. Wer im Wort wohnt, nimmt dem anderen das Wort ab, überläßt dem anderen das Wort und spielt das Spiel des Wortes. Meditation in der Freude wird zum Spiel mit dem Wort und das Spiel mit dem Wort zur Meditation in der Freude. Alles Meditieren ist ein Spiel und dieses Spiel ein Aspekt der Heiligung."

Zwei Predigtbeispiele

Beispiel 1: Wer sich einsetzt, setzt sich aus
Risikofreudigkeit ist eine Eigenschaft, die nicht auf alle Menschen zutrifft. Dafür sind jene Kräfte im Menschen zu stark, die sich dem Risiko widersetzen. Wer sich für etwas

---

[4] R. Bohren: Predigtlehre, München 1971, 354.

Neues in einer Gruppe einsetzt, setzt sich erfahrungsgemäß mancherlei Angriffen aus. Neid, Anfeindung, Fragen, Kritik, Mißverständnisse und Borniertheit im Bestehenden widersetzen sich dem Mutigen. Wer dennoch etwas Neues wagt, macht sich Feinde, hat Ärger und Arbeit und sieht oft den gewünschten Erfolg nicht.

Weil alles Bestehende ein Vor-Recht vor dem anderen, vor dem Neuen hat, und weil man weiß „Wer sich einsetzt, setzt sich aus", deswegen bleibt man lieber im üblichen Rahmen seiner Lebensgewohnheiten, auf dem Boden bekannter Tatsachen, der sich gern als „Boden der Wirklichkeit" ausgibt.

Dieses Bedürfnis nach Sicherheit und Selbstversicherung zeigt der Mensch auch oft in seinem Verhalten Gott gegenüber. Wer alle Vorschriften und Gebote erfüllt, kann ruhigen Gewissens leben. Wer aber nur auf „Nummer-sicher" gehen will, wer nur korrekt ist und meint, in diesem Rahmen der abgesteckten und berechenbaren Möglichkeiten sein Leben vor Gott absichern zu können, gleicht dem dritten Knecht des Gleichnisses vom anvertrauten Geld (Mt 25,14-30). Er hat Angst, er könne verlieren, was sein Herr ihm übertragen hatte. Er will das ihm anvertraute Gut sicher bewahren und festhalten, um es dann unversehrt zurückgeben zu können. Er glaubt, seiner Verantwortung dadurch nachzukommen, daß er alles so läßt, wie er es bekommen hat, daß er nicht über den Rahmen des Gewohnten hinausdenkt. Mit dieser Haltung aber lebt er vorbei an den Erwartungen seines Herrn. Er lebt vorbei an den Lebensgesetzen, wie sie in der Beziehung des Menschen zu Gott gelten — nach Auskunft dieses Gleichnisses. Dieses Verhältnis zu Gott liegt jenseits der Erfüllung von Vorschriften. Im Verhältnis zu Gott gilt das neue Gesetz: Wer nichts wagt, gewinnt auch nichts. Wer nur das behalten will, was er einmal (in der Taufe) geschenkt bekam, der verliert auch das noch, was er sicher zu besitzen glaubt, nämlich sich selbst. Nicht die Bewahrung, sondern die Bewährung zum Heil für die Welt ist der Wille Gottes. Bei dieser Aufgabe gilt aber das Grundgesetz: Wer sich einsetzt, setzt sich aus. Wer sein Leben retten will, wird

*es verlieren. Der Einsatz kann das Leben kosten, aber er
schenkt Leben. Das Schicksal Christi weist die Wahrheit
dieses Gesetzes auf. Martin Luther King erging es nicht
anders.*

*Der eine Weg, den Menschen gehen können, ist der Weg
des berechnenden Kalkulierens. Er macht arm.*

*Der andere Weg, den Menschen gehen können, ist der
Weg des offenen und ganzen Risikos. Er macht reich.*

Es ist der Weg des Glaubens, den Gott fordert.

*Dieser Weg war dem dritten Knecht zu riskant. Er hatte
Angst, das ihm übertragene Gut zu verlieren. So scheut er
den Einsatz. Er glaubt nicht. Deswegen wird er verurteilt.*

*Das Schicksal dieses dritten Knechtes prägt sich beim
Lesen (Hören) des Gleichnisses am ehesten ein. Es spiegelt unser Leben mit seiner Grundversuchung wider: Wer
vor Gott zu erhalten und zu sichern glaubt, was er hat,
wird alles verlieren, auch das Leben.*

*So sehr das Gleichnis von unserem Leben spricht, mehr
noch möchte es zu unserem Leben sprechen. Es will uns
Mut machen, uns einzusetzen. Es macht uns Mut, unser
Leben als Talent zu betrachten und uns mit ihm hinzu-
geben an die Aufgaben dieser Welt.*

Beispiel 2: Sätze

Trennende Sätze

*„Ausflucht" nennt der Dichter Arnfried Astel das folgende
dreizeilige Gedicht:*

>   *Ich werde verfolgt.*
>   *Da mache ich einen Satz*
>   *und entkomme.*

*Wir kennen das aus Kriminalromanen oder auch vom Fan-
gen-Spielen der Kinder. Einer wird von einem anderen
verfolgt. Da macht er einen Satz, einen großen Sprung,
und hat den Verfolger abgeschüttelt. Er ist in Sicherheit.
Haben wir damit schon das Gedicht verstanden, oder will
es mehr sagen?*

*„Ich mache einen Satz" und „Ich mache einen Sprung":
wir haben uns daran gewöhnt, diese beiden Ausdrücke als*

gleichbedeutend zu verstehen. Vielleicht verstehen wir das Gedicht besser, wenn wir eine andere Verstehensmöglichkeit aufgreifen: „Ich werde verfolgt. Da spreche ich einen Satz und entkomme."

In dieser Sprechweise können wir das Gedicht sehr leicht und schnell in unser alltägliches Leben einordnen. Das kennen wir. Verfolgt werden wir schließlich oft genug! Wir werden verfolgt, weil man uns etwas will. Weit öfter aber werden wir verfolgt, weil man von uns etwas will: unsere Hilfe, unsere Gesellschaft, unser Wohlwollen, unsere Antwort, unsere Zeit... Menschen verfolgen uns, weil sie von uns etwas wollen — wir verfolgen Menschen, weil wir etwas von ihnen wollen.

Da mache ich einen Satz und entkomme. Wie lauten solche Sätze? „Nein!" — „Ich habe keine Zeit!" — „Du hast es ja nicht anders gewollt!" — „Wer einmal lügt..." — „Nun mußt du es auch selber ausbaden!" — „Dafür bin ich nicht zuständig!" — „Ich will meine Ruhe haben!" — „Das ist kein Umgang für uns!" — „Der soll sich erst einmal die Haare kürzer schneiden lassen!" — „Du kannst mir gestohlen bleiben!" — „Was gehen mich fremde Leute an!" — „Der soll sich erst einmal entschuldigen!" — „Dafür haben wir doch Institutionen!" — „Das geschieht ihm ganz recht!" Nicht zuletzt das oft gleichgültige, giftige oder brutale „Na und?".

„Ich werde verfolgt. Da mache ich einen Satz und entkomme." Das kennen wir, das erfahren wir fast täglich. Mit einem Satz hängen wir Menschen ab — mit einem Satz werden wir von Menschen abgehängt. Wenn wir selbst die Aktiven sind, merken wir es oft gar nicht. Sind wir aber selbst die Leidtragenden, hängt man uns ab, baut ein Mensch zwischen sich und uns die Mauer eines Satzes, dann merken wir es. Wir leiden darunter. Wir spüren: Hier tritt etwas zwischen die Menschen, das isoliert, das Menschen in Not allein läßt.

Verbindende Sätze

„Warum ißt euer Meister mit den Zöllnern und Sündern?", fragen die Pharisäer. Zöllner und Sünder: „Du kannst ein

gutes Gewissen haben, wenn du sie schneidest. Der Anstand verbietet es, mit solchen Menschen zu verkehren."
Mit diesem Satz entkommen die Pharisäer der Pflicht, sich um Zöllner und Sünder zu kümmern. Anders Jesus: „Nicht die Gesunden bedürfen des Arztes, sondern die Kranken!"
Das ist sein Satz. Dieser Satz baut keine Mauern zwischen ihn und die Menschen, er schließt keine Fluchtwege auf. Dieser Satz baut Brücken, auf denen die Menschen zu ihm kommen, auf denen er zu den Menschen kommt.
Wenn wir selbst auf der Seite der Zöllner und Sünder stehen, ist es hoffnungsvoll zu wissen, daß Jesus uns nicht entkommen will, sondern die verzeihende Brücke zu uns schlägt. Solange wir ihn verfolgen, ist er bereit, sich einholen zu lassen.
Und die anderen, die uns verfolgen, die von uns etwas wollen? Wer den Namen Christi trägt, macht keine Sätze, mit denen er entkommt — er macht Sätze, die Brücken sind, die verbinden.

5. KREISEN UM EIN WORT

1. Ein Weg, um theologische Schlüsselbegriffe zu untersuchen

a) Wörter und ihre Bedeutung

Wörter werden in den verschiedensten Verwendungsformen und Verwendungssituationen gebraucht. In den verschiedenen sprachlichen Kontexten wird zugleich das Bedeutungsfeld eines Wortes sichtbar. „Die Bedeutung eines Wortes ist sein Gebrauch in der Sprache."[1] Wörter können mit Schachfiguren verglichen werden. Ihre Bedeutung hängt von ihrer Spielfunktion und ebenso von ihrer Spielposition ab. Ebenso legt sich die Bedeutung eines Wortes durch den situativen Gebrauch fest. Diesen situativen Wortgebrauch gilt es zuerst zu sichten, ehe man den Sinn des Wortes

---

[1] L. Wittgenstein: Philosophische Untersuchungen, in: Schriften I. Frankfurt 1969, 311.

sehen kann. Beides zu erreichen ist Ziel der Technik „Kreisen um ein Wort".

Möglicherweise assoziativ oder mit Hilfe eines Lexikons werden Wortzusammensetzungen und -verwendungen gesammelt. Dann wird untersucht, ob etwa die Predigthörer unter dem Wort „Gott" noch dasselbe verstehen wie der Prediger. Weist der Gebrauch des Wortes bei beiden Differenzen auf, redet der Prediger, wenn er es unreflektiert gebraucht, an den Hörern vorbei, und der Hörer hört am Prediger vorbei, weil er das Wort entweder überhaupt nicht mehr oder doch anders gebraucht als der Prediger. Die Erfahrungen, die sich ursprünglich beim Entstehen des Wortes in ihm verdichtet haben, werden beim Hörer nicht mehr oder doch anders wachgerufen. Dann tritt der Fall ein, daß gerade das, was der Prediger so eindringlich sagen will, nicht gehört wird.

Solche Erforschung des semantischen Feldes eines Wortes will den Prediger sensibler machen im Umgang mit Wörtern. Sie will Sprache lebendig erhalten oder wenigstens das Denken davor bewahren, in erstarrten, abgenutzten Formeln seine Ursprünglichkeit einzubüßen. Altgekanntes soll in neuen Zusammenhängen gesehen werden.

b) Beispiel: „Gott"

Für Religionsphilosophen und Theologen ist Gott das höchste personale Wesen, Ausgang und Ziel der Welt, Grund des Lebens und des Menschen, ein Wesen, „das den Menschen unbedingt angeht" (Tillich), wenigstens „Chiffre für die nicht ausgeschöpften Möglichkeiten des Menschen" (Bloch), wenn nicht „Erlebnis der verpflichtenden Macht des Unbedingten im Lichte der restlosen Liebe zur Welt und zum Nächsten" (L. Scheffczyk). „Gott ist die Wirklichkeit, die unbeschadet der Tatsache, daß sie bleibend und alles durchdringend und in sich behaltend Grund der Welt (d. h. der Summe alles Erfahrbaren und [grundsätzlich] Bewältigbaren), ihr Schöpfer ist, sich in absoluter, realer Wesensunterscheidung von Welt hält und nicht als die substantielle, wesenhafte Summeformel aller Wirklichkeit ,pantheistisch' gedacht werden darf oder nur sie selbst wäre, indem sie Grund der Welt ist, d. h. sich werdend, entwickelnd und sich verströmend in Welt umsetzen würde" (K. Rahner)[2].

Wie gebraucht der Zeitgenosse das Wort?

Welche Bedeutung weist der Gebrauch des Wortes auf?

ach du lieber Gott	überrascht sein
leben wie Gott in Frankreich	sorglos und im Überfluß leben
Gott sei Dank	glücklicherweise
Vergelts Gott	danke
weiß Gott, bei Gott	wahrlich
das wissen die Götter	ungewiß
Gott und die Welt kennen	betriebsam, beweglich sein
leider Gottes	schade
in Gottes Namen	meinetwegen, ja
ein Bild für die Götter	komisch, lächerlich
gnade dir Gott	drückt eine Drohung aus
laß dich nicht vom lieben Gott erwischen	Warnung zur Vorsicht bei nicht ganz einwandfreiem Vorhaben
Gott einen guten Mann sein lassen	unbekümmert leben, faulenzen
du bist wohl ganz und gar von Gott verlassen	unvernünftig handeln, wenig Verstand haben
hilf dir selbst, so hilft dir Gott	Aufruf zur Eigenanstrengung, Ermunterung zum Selbstvertrauen
Gottes Mühlen mahlen langsam	irgendwann wird jeder seine gerechte Strafe erleiden
um Gottes willen	Ausruf der Ablehnung, Abwehr
Gott gibt's den Seinen im Schlaf	Glück haben, etwas geht einem leicht von der Hand

Der Gebrauch des Wortes Gott läßt noch ein wenig ahnen von diesem Gott von gestern, der nach naiver Vorstellung unmittelbar den Lauf der Welt und das Schicksal jedes einzelnen Menschen bestimmt, der unmittelbarer Verursacher alles Geschehens ist; im alltäglichen Gebrauch aber ist „Gott" zur Chiffre erstarrt, ein Synonym für Wörter,

[2] Vgl. Art. „Gott" in: LThk Bd IV. 1070—1082, in: RGG Bd II. 1701—1745, in: Sacramentum mundi Bd II, 491—510, in: Handb. theol. Grundbegr. Bd I, 573—605.

die in keiner Weise mehr den Gedanken an ein höchstes Wesen nahelegen. Er kommt im Sprachgebrauch vor, aber nur so, daß die bezeichneten Wirklichkeiten genau so gut ohne das Wort ausgedrückt werden können. Der Gebrauch des Wortes „Gott" schließt keine Beziehung zum Wesen Gott mehr ein. Das Wort läßt sich risikolos, gottlos verwenden. Das bewußte Abhängigkeitsverhältnis des Menschen von Gott ist aus dem Begriff verschwunden.

Diese Entwicklung hat ihre literarischen Verdichtungen gefunden.

In „Das Begräbnis" schreibt W. Schnurre:

„Von keinem geliebt, von keinem gehaßt, starb heute, nach langem, mit himmlischer Geduld ertragenem Leiden: Gott." — Die Reaktion auf diese Nachricht: „Siehste, denk ich, hat's den auch geschnappt, den Alten, nu ja." Der das denkt, macht sich dennoch auf zur Beerdigung und fragt unterwegs Leute: „Schon gehört, Gott ist gestorben!" — Antworten: „Nanu, heute erst?" oder: „Armer Deubel, kein Wunder!" Selbst der Pfarrer, der die Beerdigung hält, weiß nicht genau, wen er beerdigt: „'n gewissen Klott oder Gott oder so ähnlich."[3]

In dem Roman „Halbzeit" von M. Walser schreibt eine junge Frau in ihr Tagebuch:

„Mit Lissa in der Kirche. Konnte nicht beten. Die feierliche Amtssprache der Kirche klang fremd. Kunstgewerbe-Vokabular. Glauben die Frommen, Gott hört sie nur, wenn sie beten, er habe keine Ahnung von den Worten, die sie sonst denken und sagen? Man kann sich nicht vorstellen, daß der Pfarrer erlebt hat, was er in der Predigt erzählt hat. Mein Leben ist in der Gebetssprache nicht mehr unterzubringen. Ich kann mich nicht mehr so verrenken. Ich habe Gott mit diesen Formeln geerbt, aber jetzt verliere ich ihn durch diese Formeln. Man macht einen magischen Geheimrat aus ihm, dessen verschrobenen Sprachgebrauch man annimmt, weil Gott ja von gestern ist."[4]

---

[3] W. Schnurre: Das Begräbnis in: Die Erzählungen, Freiburg 1966, 11 ff.
[4] M. Walser: Halbzeit, München/Zürich 1964, 247.

Wie der Gebrauch des Wortes Gott zeigt, kommt Gott im Horizont gegenwärtiger Erfahrungen nicht mehr selbstverständlich und ungebrochen als lebendiges und personales Wesen vor, manchmal ist das Wort nur noch ein Code-Wort, hinter dem sich nichts mehr verbirgt. Das zwingt den Prediger zu einem differenzierten Gebrauch des Wortes. Gott muß erst aus seiner „Gestrigkeit" heraustreten oder (und) auch durch das Zeugnis der Christen aus seiner „Gestrigkeit" befreit werden. So wird das Problem des Sprechens von Gott auch zu einer Frage an den Christen und sein Lebenszeugnis von diesem Gott. Gott in Wort und Tat zu verschweigen, wäre die schlechteste Art, die Frage zu beantworten. Es ist nötig, das Wort in der Predigt zu erklären und nach anderen Wörtern und Begriffen und Kontexten zu suchen, um das mit dem Wort Gemeinte zum Ausdruck zu bringen. Versuche in dieser Richtung sind — so subjektiv und einseitig sie oft sind — notwendig, nicht um das Wort abzuschaffen, sondern um zu sagen, was man darunter versteht[5].

Ein solcher Versuch sei angeführt:
„Im Gefüge und in der Gestalt unseres Lebens lassen wir ihn (Gott) dasein oder verbannen ihn. Hier kann man ihn verschlafen oder ihm wach begegnen. Er ist als solcher nicht greifbar oder sichtbar. Aber das heißt gerade nicht, daß sein Ort jenseits von Welt und Wirklichkeit zu suchen wäre. Sondern ‚Gott' ist der N a m e der Liebe, der Hilfe, der Lebensmöglichkeit, die uns andere gewähren und die wir anderen gewähren. Und er ist der Name, mit dem wir uns die Erkenntnis unseres Versagens ebenso wie die unbegreifliche Chance möglichen Neubeginns vor Augen halten. Er ist der Name für das, was uns behaftet, was uns

[5] Vgl. hierzu: Wer ist das eigentlich — Gott? Hrsg. v. H. J. Schultz. München 1969, darin bes.: K. Rahner: Meditation über das Wort „Gott", S. 13—21.
R. Bultmann: Welchen Sinn hat es, von Gott zu reden? in: Glauben heute (hrsg. v. G. Otto), Hamburg 1965, 197 ff.
Fr. Kienecker: Reden und Schweigen von Gott in der modernen Literatur, in: ders.: Der Mensch in der modernen Prosa, Essen 1971, 133—144.
T. Rendtorff, Gott — Ein Wort unserer Sprache, Theologischer Essay, München 1972.

in Anspruch nimmt für jene Gestalt konkreten Lebens, die
Jesus gewollt hat. Dieser Name steht für Sätze wie diese:
- *Liebe geht über Macht und Recht.*
- *Gewalt zerstört, aber Freigabe hilft.*
- *Es gibt keine Rangliste mit Auserwählten.*
- *Wir sind gebrechliche Wesen, denen Stolz schlecht
  ansteht.*

*Wo heute mit solchen Sätzen der Name Gottes vernommen
wird, da ist der, den man in der Welt nicht aufweisen kann,
von weltverwandelnder Kraft ... Das gibt dann, mit Bor-
chert zu reden, einen ganz neuen Gott, eine ganz neue
Welt."*[6]

Der Phase der Sammlung verschiedener Bedeutungen folgt
eine Phase der Reflexion. Das Ergebnis dieser Reflexion
kann die Idee für eine Predigt hergeben, in der das gesammelte Material mitverarbeitet wird. Im folgenden sollen
die einzelnen methodischen Schritte noch einmal zusammengefaßt werden.

c) Methodische Schritte, um den Gebrauch spezifischer Stich-
worte und Schlüsselbegriffe zu untersuchen

1. Wie wird das Wort in der Predigt, in der Gebetsprache,
   in der Theologie der Gegenwart gebraucht?
   - Wortzusammensetzungen
   - beispielhafte Formeln
   - stehende Redewendungen
a) Wann und in welchem Zusammenhang ist das Wort entstanden?
b) In welchem Kontext anderer „Bedeutungen" wurde es gebraucht, wird es gebraucht?
c) Was sagt das Wort aus?
d) Wie ist es emotional besetzt?

2. Wie wird das Wort in der Umgangssprache gebraucht?

---

[6] G. Otto: Denken — um zu glauben, Hamburg 1970, 58—63.
Vgl. auch J. Moltmann: Die Sprache der Befreiung, München 1972, 11
bis 22.
H. Gollwitzer: Veränderung im Diesseits. Politische Predigten, Mün-
chen 1973, 28—38.
G. Lohfink: Gott ohne Masken, Würzburg 1972.

- Wortverbindungen
- beispielhafte Formeln
- stehende Redewendungen
- Sprichwörter

a) Was sagt das Wort in der Umgangssprache aus?
b) In welchem Kontext anderer „Bedeutungen" wird es gebraucht?
c) Ist die Bedeutung des kirchlichen Gebrauchs noch vorhanden? Haben sich Nebenbedeutungen erhalten oder gewandelt?
d) Wie ist es in der Umgangssprache emotional besetzt?

3. Welche Gründe lassen sich anführen für den Wandel?

4. Welche Konsequenzen ergeben sich für den Gebrauch des Wortes in der Predigt heute?

a) Kann es weiterhin so benutzt werden?
b) Muß der Prediger erklären, was er unter dem Wort versteht?
c) Gibt es möglicherweise andere Wörter, die man anstelle des bekannten gebrauchen kann?[7]

2. Wortmotiv und Predigtaufbau

Die Technik „Kreisen um ein Wort" läßt sich auch unter der Hinsicht durchführen, einen möglichen Predigtaufbau zu finden. Aus dem Wort, seinem Wortfeld und den Verwendungssituationen wird der rote Faden einer Predigt konzipiert und konstruiert.

---

[7] Vgl. zu diesem Problem des Gebrauchs theologisch gefüllter Wörter auch: Homiletisches Wörterbuch. Predigtstudien Beiheft 2. Hrsg. v. E. Lange. Stuttgart/Berlin 1970. Dieses Heft enthält 37 Schlüsselbegriffe, die von verschiedenen Autoren nach folgendem Schlüssel bearbeitet sind:
1. Beispielhafte Formeln aus der gegenwärtigen Predigtliteratur, in denen das Stichwort verwendet wird.
2. Wortgeschichte und historischer Wortsinn.
3. Das Stichwort in der Umgangssprache, Beispiele und Wortverbindungen.
4. Inhalte und Akzente des umgangssprachlichen Wortsinns.
5. Folgerungen für die Predigt.
G. Hierzenberger/J. Kammerstätter: Theologische Worthülsen — übersetzt. Taschenlexikon für eine zeitgemäße Verkündigung, München 1973.

Dies ist, wie folgendes Beispiel zeigt, auch mit „gewöhnlichen" Wörtern möglich.

sehen — schwarz sehen — einsehen — das Nachsehen haben — Vorsehung — Hellseher — übersehen — sah ihn und ging vorüber — ja, wenn man es so sieht — Aufsehen erregen — ein hohes Ansehen haben — ungesehen — unbesehen — einmal abgesehen davon

eine gute Sicht haben — Übersicht — einsichtig sein — Rücksicht nehmen — vorsichtig sein — absichtlich — Weitsicht — Ansicht — Gesicht — Angesicht — Aussicht — aussichtslos — rücksichtslos — nachsichtig — Aufsicht führen — bei der Durchsicht — sichtbar — unsichtbar

Überblick behalten — Einblick nehmen — augenblicklich — Ausblick — in den Blick nehmen — Augenblick — von oben auf jemanden herabblicken — wegblicken

Augenblick — mir wurde schwarz vor den Augen — Sichtweise — Sichtgrenze — Sichtweite — Sichtvermerk.

Mit diesem Wort und Wortfeld läßt sich eine Kurzansprache aufbauen, die das Wort „sehen" in biblischen Verwendungssituationen einbezieht.

Sehende Augen
Noch nie haben Menschen so viel sehen können wie wir. Wir haben Fernsehen. Wir haben Autos und Flugzeuge zur Verfügung, um uns das anzusehen, was man unbedingt gesehen haben muß, wenn man mitreden will. Wir sind ans Sehen gewöhnt, so daß selbst das Aufsehenerregendste mit der Zeit langweilig, gewöhnlich und selbstverständlich wird.

Bei der Fülle dessen, was wir alles sehen können, sind wir in manchen Situationen darauf angewiesen, vieles zu übersehen. Ein Augenblick der Ablenkung kann einem Autofahrer zum Verhängnis werden. Und ebenso ist er gefährdet, wenn Nebel ihm die Sicht verstellt und er nichts mehr sieht.

Wir sehen viel, wir sind oft zu konzentriertem und auswählendem Sehen gezwungen, und wir sind gefährdet, wenn wir zu wenig oder nichts mehr sehen.

*Diese Erfahrung ist in anderer Hinsicht ebenso zu machen,
nämlich dann, wenn es nicht mehr nur um das Sehen im
Sinne von „optische Eindrücke wahrnehmen" geht, sondern um das Sehen im Sinne von „einsehen".
Haben wir vor lauter Sehen nicht das Einsehen verlernt?
Sind wir bei dem vielen, was sich vor unseren Augen abspielt, zu sehenden, zu einsichtigen Menschen geworden, die die nötige Übersicht behalten, die die geforderte
Rücksicht nehmen und die den Überblick über das Ganze
nicht verlieren?
Die Kritik Jesu an den Gelehrten seines Volkes könnte
auch uns treffen: „Sie sehen und sehen doch nicht" (Mk
8,18). Denn richtig gesehen hat man erst, wenn man das
Gesehene auch in seinem Anruf nach unserer Verantwortung wahrnimmt. Im Gleichnis vom barmherzigen Samariter
stellt Jesus fest: „Er sah ihn und ging vorüber" (Lk 10,31).
Hier hat einer gesehen und wohl auch eingesehen: Ich
müßte helfen. Aber er geht weiter, vielleicht weil ihn keiner
gesehen hat und er glaubt, sich ungesehen davonmachen
zu können. Dieses Wegblicken und Weglaufen hilft dem am
Wege Liegenden nicht. Ihm hilft nur einer, der ihn sieht,
der ihn ansieht und der ihn aufhebt. „Er sah ihn, und sein
Herz wurde von Mitleid gerührt. Er ging zu ihm hin ..."
(Lk 10,33 f.). Im rechten Sehen liegt der Anspruch, die Verantwortung für das Gesehene zu übernehmen.
Lassen Sie uns damit beginnen, indem wir uns die Bitte
der Blinden im Evangelium zu eigen machen: „Herr, wir
möchten, daß unsere Augen geöffnet werden!" (Mt 20,30).*

6. FUNDGRUBE: ETYMOLOGIE

„Wörter erzählen Geschichten" so lautet der aufschluß-
reiche Titel eines etymologisch orientierten Büchleins[1]. In
der Tat haben sich in Wörtern, Sprüchen oder Aussprüchen
ursprüngliche Erfahrungen verdichtet. Sie sind allerdings
dem heutigen Sprecher oder Hörer oft nicht mehr vertraut.

---

[1] H. Maas: Wörter erzählen Geschichten, München 1965.

Wie beim Entbinden von Wörtern (vgl. Wortspiele 4.) kann man auch bei der Untersuchung der Etymologie von Wörtern zu solch ursprünglichen Erfahrungen vordringen. Diese neu belebten Wörter können zur entscheidenden Idee für die Predigt werden.
Für diese Arbeit eignet sich u. a. das etymologische Wörterbuch der Dudenreihe[2].
Der kreative Umgang mit dem etymologischen Wörterbuch bedarf keiner besonderen theoretischen Anweisungen. Wer ein solches Buch zur Hand nimmt und dort die zentralen Stichwörter einer Perikope nachliest, wird viel Neues entdecken.

Dazu einige Beispiele:

Sichwort *„Trost"*
Unser heutiges Assoziationsfeld zu diesem Stichwort ist geprägt vom Hintergrund „Trauer" und von gefühlsbetonten Worten und Aktivitäten.
Ursprünglich meint Trost: Stärke, innere Festigkeit.
Jemanden trösten heißt also: ihn stark machen, ihm Halt und Stütze geben, ihm (wieder) Boden unter die Füße geben.
— So verstanden bekommt z. B. 1 Thess 5,11 eine neue Aussagekraft:
  „Tröstet euch gegenseitig und erbaut (wörtlich!) einander, wir ihr es auch schon tut."
— Mit diesem Wortverständnis lohnt es sich, der **Frage** nachzugehen:
  „Was bedeutet es, daß wir den Hl. Geist den Tröster nennen?"

Stichwort *„Gott"*
Gott ist von der ursprünglichen Wortbedeutung her „das angerufene Wesen". Dieses Wort beinhaltet also eine Beziehung.

---

[2] Etymologie, Herkunftswörterbuch der deutschen Sprache, Duden, Bd. 7, Mannheim/Wien/Zürich 1963.
In diesem Zusammenhang sei auch verwiesen auf das anregende Buch: E. Lange (Hrsg): Homiletisches Wörterbuch, Predigtstudien Beiheft 2, Stuttgart/Berlin 1970.

Stichwort *„gut"*

Das Wort gut geht auf den gleichen Stamm zurück wie das Wort Gitter. Es meint: in ein Baugefüge, in eine menschliche Gemeinschaft hineinpassend. So schließt auch dieses Wort eine Beziehung mit ein.

Stichwort *„erbarmen"*

Dieses Wort ist entstanden aus der sehr anschaulichen Form „ab-armen" = von Not befreien. Das Wort schließt in seiner ursprünglichen Bedeutung Taten ein!

Diese wenigen Stichwörter mögen genügen. Wir sind der Auffassung: Ein etymologisches Wörterbuch gehört zum eisernen Bestand der Bibliothek des Predigers. Etymologische Beschäftigung mit zentralen Wörtern von Perikopen kann Bisoziationen freilegen, die unter dem Schutt und den Trümmern von Jahrzehnten und Jahrhunderten vergessen waren.

7. BRAINSTORMING

1. Das Brainstorming und seine Spielregeln

Das Brainstorming (engl. = Ausbruch von Inspirationen; Sturm von Gedanken und Ideen) ist eine Methode der Ideenproduktion einer Kleingruppe auf dem Weg der freien Assoziation.

Das Besondere an einer solchen „Ideenkonferenz" sind nach A. Osborn ihre Spielregeln:

1. Mit den Gedanken frei spielen. Je spontaner die Ideen kommen, je ausgefallener, ungewöhnlicher und unorthodoxer die Ideen sind, desto besser.

2. Möglichst viele Ideen sammeln. Je größer die Anzahl der Vorschläge, desto wahrscheinlicher, daß unter ihnen ein „Gewinner" ist.

3. Sich durch die Ideen der anderen zu neuen Ideen anregen lassen. Die Ideen der anderen weiterentwickeln.

4. Negative Kritik ist verboten. Sie findet erst später statt[1].

In zwanglosem Austausch und in entspannter Atmosphäre sollen die Teilnehmer (nicht mehr als 12) ihre Einfälle zum gestellten Thema sagen, sich gegenseitig zu neuen Ideen anregen lassen und immer nur das eine Ziel vor Augen haben, sich immer noch etwas Neues einfallen zu lassen. Weil *negative* Kritik diesen Ideenfluß blockiert, ist sie im Brainstorming streng verboten, wenn nötig, sorgen eine Schelle oder ein Rotlichtzeichen für Einhaltung dieser Regel. Die Ideenkonferenz heißt deshalb auch die „Methode der hinausgeschobenen Bewertung"[2]. Kritik findet erst später statt.

Die Fähigkeit, Ideen in Fülle zu produzieren, ohne jede genannte Idee sofort zu diskutieren und zu kritisieren, ist bei vielen Menschen blockiert. Die Erziehung, die hauptsächlich das rationale und logische Denken fördert, und gruppenbedingte Hemmungen halten den Menschen zurück, auch einmal etwas „Unvernünftiges" zu denken und zu sagen. Oft aber ist aus dem, was zunächst „unmöglich" erschien, die Idee für eine Erneuerung gewachsen, die den Menschen sehr geholfen hat.

Die geheimen Wächter und sozialen Kontrollen innerhalb einer Gruppe und den stets zur Mahnung erhobenen und Vorsicht gebietenden moralischen Zeigefinger in einem selbst gilt es darum wahrzunehmen und für das Brainstorming zu verbieten.

Wodurch wird schöpferisches Denken blockiert?

— Angst vor eigenwilligen, neuen Gedanken
— Angst, „Unsinn" zu formulieren
— Konformitätsdruck
— Schranken der Konvention, Routine und geistigen Trägheit
— Autoritätsgläubigkeit

---

[1] Vgl. Ch. H. Clark: Brainstorming. Methoden der Zusammenarbeit und Ideenfindung, München 1973;
vgl. auch V. Scheitlin: Ausbildungstechnik in der modernen Unternehmung. Handbuch für die Personalschulung, Stuttgart 1970, 184—187 und 194—197.

[2] E. Landau: Psychologie der Kreativität, München/Basel 1971, 99—100.

- Überbewertung von Logik und Kritik
- Vorurteile
- Vorurteile, die man bei anderen vermutet
- Debattierlust
- „das große Tier spielen"

Vor jedem Raum, in dem ein Brainstorming stattfindet, könnten Schilder folgender Art stehen:

 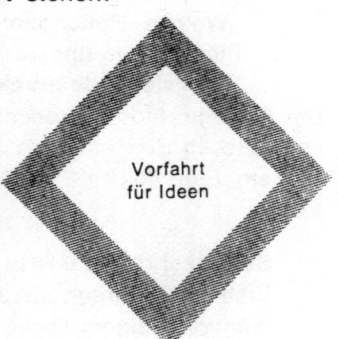

— Wieso eigentlich	+ Einfallsreichtum
— Alles graue Theorie	+ Phantasie
— Auf dem Teppich bleiben	+ Nonkonformismus
— Geht nicht	+ Spantaneität
— Na und	+ Aufgeschlossenheit
— Alles schon da gewesen	+ Neugierde
— Warum denn laufend was Neues	+ Experimente
— Was sollen bloß die einfachen Leute denken	+ Bereitschaft, Dinge in einem neuen Licht zu sehen
— Das geht gegen die Vorschriften	+ Stimmung: ohne langes Fackeln ans Problem

2. Durchführung und Auswertung des Brainstorming in der Predigtarbeit

Das Brainstorming eignet sich, um
- Vorstellungen, Einstellungen und Erfahrungen der Hörer zu zentralen Begriffen der vorliegenden Perikope oder des Glaubens zu sammeln;

    z. B. zu der Frage:

    „Welche Vorstellungen verbinden Sie mit dem Wort ‚Ostern', ‚Friede', ‚Heil', ‚Gnade'?"
- Probleme schöpferisch zu durchleuchten;

z. B. zu der Frage:

"Was täte einem Pfarrer gut?" s. S. 153f!

– gemeinsam Lösungen zu suchen.

z. B. zu der Frage:

"Wie und wo können wir für unsere Gemeinde Mitarbeiter gewinnen?"

oder:

"Welche Haltungen und konkreten Schritte sind möglich, um unsere Kerngemeinde für ‚Außen'- und ‚Fern'stehende attraktiver zu machen?"

Der Prediger lädt zur Ideenkonferenz Menschen mit unterschiedlichen Einstellungen, Bildungsgängen und Erfahrungen ein. Eine solche Einladung kann folgendermaßen aussehen:

Sehr geehrte Frau NN.!

Vielleicht erinnern Sie sich an Ihr Gespräch mit mir vor einigen Tagen in NN. Sie haben mir von Ihrem Interesse an entwicklungspolitischen Fragen erzählt. Könnten Sie mir aus Ihrer Kenntnis der Problemlage vielleicht einige Anregungen geben?

Ich habe zur diesjährigen Fastenaktion der kath. Kirche "Misereor" eine Predigt über dieses Thema geplant, die ich gerne mit einigen Mitgliedern unserer Pfarrei vorbereiten möchte.

Ich lade Sie deshalb recht herzlich ein zu einer Ideenkonferenz.

Thema: 1. Was fällt Ihnen ein, wenn Sie das Wort "Erbarmen" hören?

2. Was sollte man im Rahmen dieses Themas predigen und was nicht?

Ort: Konferenzzimmer im Gemeindezentrum NN.

Zeit: 2. März – 19.15–20.00 Uhr

Über Ihre Teilnahme würde ich mich freuen.

Die anderen eingeladenen Mitglieder: NN., NN., usw.

Mit freundlichen Grüßen

Ihr NN.

Ablauf:
1. Einen gemütlichen Raum auswählen
2. Störquellen (z. B. Telefon) ausschalten (Hinweisschild außen an der Tür)
3. Teilnehmer begrüßen
4. Die Spielregeln kurz erklären (s. o.)
5. Die Problemstellung kurz umreißen und das Thema klar formulieren (am besten an die Tafel schreiben)
6. Beginn der Sammlung: Ein Protokollant oder Tonband zeichnen alle Einfälle der Reihe nach auf
7. Pünktlich abschließen (nach maximal 30—45 Min.)

Weitere Hinweise:
— Der Prediger kann schon in der Einladung die Bitte äußern, jeder möge sich drei bis fünf Vorschläge überlegen, so daß die Sammlungsphase ungezwungen beginnen kann.
— Es müssen nicht unbedingt fertige Ideen, Lösungen oder Teillösungen vorgetragen werden. Die exakte Formulierung der Gedanken ist nebensächlich.
— Kurze Pausen, die beim Nachdenken eintreten, sind natürlich. In ihnen arbeitet das Unterbewußte weiter. Kurzes Schweigen sollte darum den Leiter nicht mit Angst und Beklemmung erfüllen.
— Indem er selber neue Gedanken bringt, regt er zu weiterem Ideenaustausch an. Zusätzliche Kurzinformationen können diesen Dienst ebenfalls leisten.

Aus einem Brainstorming zu dem Thema:
„Was fällt Ihnen ein, wenn Sie das Wort ‚erbarmen' hören?"
    erbärmlich
    elendig
    Elend
    menschenunwürdig
    minderwertig
    bedeutungslos
    knechtisch
    oben — unten
    auf Gedeih und Verderb ausgeliefert sein

abhängig sein von der Gunst der Mächtigen
sich nicht wehren können
ohnmächtig sein
sich ungerecht behandelt fühlen
innerlich aufbegehren, äußerlich zum Schweigen ge-
    zwungen
Fäuste in der Tasche ballen
sehen, wie es sein könnte, und doch nichts machen
    können
Selbstverwirklichung und Selbstbestimmung wollen
    und daran gehindert zu werden
aggressiv werden
aggressiv gegen Personen und Zustände
Ärger abreagieren
resignieren
blind werden für schon geschehene Veränderungen
sich nicht helfen lassen wollen
Dickkopf aufsetzen
Stolz
Überheblichkeit
sich schämen, daß einem geholfen werden muß
arm sein und Hilfe brauchen
froh sein, daß ein anderer meine Not sieht
froh sein, daß ein anderer ein Herz für mich hat
barmherzig sein
erbarmungswüdig
barmherziger Samariter
barmherzige Brüder und Schwestern
Wohltätigkeit
Fürsorge
Heilsarmee
milde Gaben
Kollekte
schenken
sammeln
ausgenutzt werden
sich ausnutzen lassen
dumm sein
unkritisch

Mitgefühl wird zum Nachteil
Mitgefühl verlängert die Abhängigkeit
die Zustände ändern sich nicht
Gönnerlaune
Gnade und Barmherzigkeit
den anderen aufgeben
den anderen aufheben
bei jemandem gut aufgehoben sein
ausruhen können
wenigstens diese Hilfe hat man noch
Wohlwollen

Für den Prediger beginnt jetzt die Phase der kritischen Auswertung. Er sucht jene Ideen aus, die ihm brauchbar erscheinen: als Idee für eine gesamte Predigt oder als Material für Teile der Predigt. Wenn es die Zeit der Teilnehmer erlaubt, kann er die Gruppe bei der Auswahl beteiligen. Das bewahrt ihn, seine Lieblingsideeen zu sehen und zu predigen. Der Prediger tut sich selbst einen guten Dienst, wenn er die Ideen positiv aufnimmt, sie als Theologe und Gemeindeleiter auf ihre Haltbarkeit prüft und sie mit seinem Wissen und seiner Erfahrung weiterdenkt und weiterentwickelt. Dabei wird er sehr schnell feststellen, was „heiße Ideen" sind, was „unbrauchbare Vorschläge" sind, und was „erst nach erneutem Studium und kritischem Abwägen" möglicherweise brauchbare Ideen sind.

„Anregung ist alles" — in dieser Haltung wertet er das Brainstorming aus.

Fragen zur Auswertung:
1. Welche Ideen helfen, das vorliegende Problem zu analysieren und durchschaubar zu machen?
2. Welche Ideen eignen sich, das Interesse der Hörer zu wecken?
3. Welche Einfälle helfen, das Problem einer Lösung näher zu bringen?
4. Ist das gesammelte Ideengut tatsächlich vorwärtsweisend?
5. Entsprechen die in den Ideen aufscheinenden Vorstellungen und Einstellungen der Botschaft?

Müssen sie durch die Botschaft verstärkt, korrigiert, relativiert oder verneint werden?

Der Prediger kann auch für sich allein ein Brainstorming durchführen. Zwar fehlt ihm dann die Anregung durch die Gruppe, aber auch ohne Gruppe ist freie Assoziation möglich. Die Grundregel der hinausgeschobenen Bewertung ist auch hier oberstes Gebot. Auf Karteikarten, Zetteln oder einem Tonband (elektronisches Notizbuch) sammelt der Prediger alles, was ihm zu einem bestimmten Wort oder Thema einfällt. Auch hier gilt: Mit der Fülle der Einfälle wächst die Möglichkeit eines „guten Treffers". Vorzeitiger Abbruch bei etwaigen Stockungen oder Blockierungen verhindert oft die wirklich zündende Idee.

Ein solches Einzelbrainstorming kann sich über Tage erstrecken. Wach beobachtet der Prediger seinen Werktag; immer bereit, sich selbst im Gewöhnlichen (Zeitunglesen, Erledigungen, Wege, Studium) noch etwas auffallen zu lassen. Wem etwas auffällt, dem fällt vielleicht auch etwas ein. Wem aber nichts auffällt, dem fällt sicher nichts ein!

Bewertung des Brainstormings „Erbarmen" und Auswertung

Ein guter Teil der gefundenen Assoziationen aus dem heutigen Verwendungsbereich und Kontext der Worte „Barmherzigkeit/Erbarmen" weicht erheblich von dem ursprünglich gemeinten christlichen Kontext ab. Das Wort ist im säkularen Verwendungsbereich negativ besetzt. Abhängigkeit und ungerechtes Behandeltwerden, Aggression als Folge oder Beschämung aufgrund der Abhängigkeit, die leicht zur Willkür werden kann, einer, der gibt, und einer, der empfängt und weiter in Abhängigkeit bleibt —

all das setzt ein gesellschaftliches Muster voraus, das dem Ideal der Gleichberechtigung und Gleichheit und Demokratie nicht entspricht. Der Mensch betrachtet die Bedingungen zu menschenwürdigem Leben nicht als eine Frage von Barmherzigkeit und Erbarmen, sondern als eine Frage von Gerechtigkeit. Worauf er als Mensch ein Recht hat oder zu haben glaubt, das möchte er nicht geschenkt bekommen, das möchte er in kontrollierbaren und verläßlichen Verhaltensnormen garantiert bekommen. Gleichheit aller schließt einforderbare Rechte aller ein.

Im Leitmotto der Spendenaktion „Misereor" ist das Wort „Erbarmen" positiv besetzt. Das Brainstorming und die Reflexion darüber weisen eine Differenz im Sprachgebrauch auf. Aus dieser unterschiedlichen Bedeutung wuchs die Predigtidee: Der Mensch möchte Gerechtigkeit und nicht Erbarmen.

Die Predigt am Misereorsonntag setzte sich darum zum Ziel: den Anlaß des Misereorsonntags und der Kollekte aufgreifen, um den Willen zu spenden zugleich mit der Einsicht in die heute geforderte Notwendigkeit der Gerechtigkeit zu verbinden, die durch Spenden nicht verdrängt werden darf.

Aus diesen Überlegungen entstand die Predigt:
„Gerechtigkeit, nicht Barmherzigkeit"
Schräg von oben ist die Aufnahme geschossen; im Blick der Kamera: ein Kind. Es hat schwarzes Haar und dunkle Hautfarbe. Es sitzt in einem Zelt, umgeben von ein paar zerrissenen Lumpen, die eine Bettdecke darstellen sollen. Der Oberkörper des Kindes ist nackt. Über einem dick sich wölbenden Hungerbauch hängen die Rippen: sichtbar, greifbar, zählbar. Aus den Schultergelenken fallen Ärmchen hilflos in den Schoß. Sie bestehen nur noch aus Haut und Knochen. Aus dem Gesicht, über einem geschwollenen Mund und einer flachen Nase blicken große dunkle Augen ausdruckslos am Betrachter vorbei. — „Verhungerndes Kind in Brasilien" steht neben dem Bild zu lesen.
Sie kennen solche Bilder.
Was denken Sie, wenn Sie solche Bilder sehen?
Meist regt sich unser Mitleid: „Dieses arme Kind!"
Oft aber sind die nächsten Gedanken schon wieder bei uns: „Gott sei Dank, daß es uns nicht so schlecht geht!"
Darum sind wir gerne bereit zu geben, denn warum sollten wir diesen armen Menschen nichts mitgeben? Wir kommen doch einigermaßen durch! Wenn wir dann wieder solche

Bilder sehen, können wir jedenfalls sagen: „Wir haben etwas getan!"

Manche allerdings werden von solchen Bildern angeregt, weiterzudenken: „Warum muß dieses Kind dasitzen und verhungern?"

Mit dieser Frage kommt man dem Kern des Problems näher als mit einem vorschnellen Griff ins Portemonnaie.

Das Kind muß verhungern:

— weil es die schlechtere Startnummer ins Leben erwischt hat: Wir hatten Glück, daß wir als Europäer zur Welt gekommen sind!

— weil in seiner Heimat 4% der Bevölkerung über 50% des Volkseinkommens in Händen halten und nicht daran interessiert sind, daß sich etwas ändert.

— weil seine Eltern von den Mächtigen kleingehalten, dumm gehalten, ausgebeutet werden — genau wie die Eltern der Nachbarkinder!

— weil von den europäischen Ländern Entwicklungshilfe zum eigenen Gewinn gegeben wurde.

— weil die sozialen Strukturen dieser Länder unmenschlich sind.

— weil die Kirche diese Strukturen oft unterstützt hat.

— weil ein paar Aktionen des Erbarmens das Weltgewissen beruhigen.

Wir werden heute um Geld gebeten — denn ohne Geld kann man nicht helfen.

Aber besser ist es, wir behalten unser Geld in der Tasche, wenn wir es aus Erbarmen geben, weil so ein armseliges Kind unser Mitleid wachruft.

Erbarmen, wie wir es heute verstehen, ist das falsche Stichwort:

— Erbarmen deutet immer auf ein soziales Gefälle.

— Erbarmen wendet sich herab — nicht zu.

— Erbarmen hilft durch Almosen, die bestehenden Zustände zu verlängern.

— Erbarmen erniedrigt den, der es empfängt.

— Erbarmen macht den anderen von meinem guten Willen abhängig.

— Erbarmen steigert das Überlegenheitsgefühl.

— Erbarmen gebärdet sich gönnerisch.
Aber Erbarmen ist doch etwas typisch Christliches! Christus hat uns doch aufgetragen, barmherzig zu sein wie er!
Das stimmt!
„Mich erbarmt des Volkes", sprach der, dessen Namen wir tragen, und gab denen zu essen, die drei Tage bei ihm ausharrten — die aber sonst ganz gut durchkamen! Brot entsprach der Situation. Lebte Jesus heute, würde er auch Brot und Medikamente in die Entwicklungsländer schicken — aber er würde weitergehen, denn die Situation geht weiter. Er würde das Stichwort „Erbarmen" durch „Gerechtigkeit" ersetzen, denn Gerechtigkeit ist das Stichwort, das in der heutigen Situation helfen kann.
Gerechtigkeit ist Erbarmen, das sich nicht zum anderen herabwendet, das sich vielmehr dem anderen zuwendet.
Gerechtigkeit weiß,
> — daß der andere ein Mensch ist — wie wir,
> — daß er Anspruch auf ein menschwürdiges Leben hat — wie wir,
> — daß er Anspruch auf die Güter der Welt hat — wie wir.

— *Darum gibt Gerechtigkeit nicht aus Gönnerlaune, sondern weil der andere ein Anrecht auf meine Gabe hat!*
— *Darum erwartet Gerechtigkeit keinen Dank, sondern entschuldigt sich eher!*
— *Darum begnügt sich Gerechtigkeit nicht damit, durch Einzelaktionen über ein paar Wochen hinwegzuhelfen, sondern sie versucht, bestehende Ungerechtigkeit zu beseitigen!*

Wenn wir darum heute geben, sollten wir es tun, weil sich unser Gerechtigkeitssinn regt!
Wenn wir darum heute geben, sollte es nicht eine Einzelaktion bleiben.
Wenn wir darum heute geben, sollte das Ausdruck unseres Engagements sein,
— das die Kräfte in der Welt unterstützt, die sich für gerechte Verhältnisse einsetzen.
— das dafür sorgt, daß in unserem eigenen Land gerechtere Verhältnisse herrschen.

- das eine Demonstration für eine gerechte Sache nicht scheut.
- das unseren politischen Abgeordneten und kirchlichen Vertretern auf die Finger schaut, wenn sie zu wenig oder zu egoistisch die Entwicklungshilfe fördern.

Misereor — „Mich erbarmt des Volkes": das entsprach damals der Situation.

Misereor — „Gerechtigkeit für alle": das entspricht der heutigen Situation.

„Misereor" — das ist der Name unserer Aktion, ihr Programm ist — „Gerechtigkeit".

Als Evangelium zu diesem Entwurf kann man lesen: Mk 8, 1-9.

8. METAPHERNMETHODE

Was bedeutet Ostern? Wenn wir ein Lexikon aufschlagen, finden wir dort neben liturgischen und festgeschichtlichen Hinweisen den Verweis darauf, Ostern sei ein jährliches Erlösungsgedächtnis, das Tod und Auferstehung des Herrn umgreift. Was aber bedeutet diese Aussage? Zweifellos ist sie richtig, aber sie erbringt wenig für ein ganzheitliches Erfassen dessen, was Ostern bedeutet. Gerade das aber ist ein spezifisches Anliegen des Predigers. Ziel der Metaphernmethode ist es, bildhafte Umschreibungen (= Metaphern) für eine Wirklichkeit zu finden, die uns oft nur in abstrakten Wörtern begegnet. Eine Metapher vermag den emotionalen Hof eines Wortes aufzuhellen, so daß manches, was in unserer verblaßten Sprache verschüttet ist, auf die Weise des Bild- und Stimmungshaften zu Tage gefördert wird. Hinzu kommt ferner, daß Metaphern einen hohen Informationswert wie einen großen Plausibilitätsgrad besitzen[1].

Beispiele aus Protokollen von Metaphernsammlungen:

---

[1] Über die Anwendung der Metaphernmethode:
Vgl. W. Erl: Methoden moderner Jugendarbeit, Tübingen ⁴1969, 55 ff.
J. Malcher: Nicht ohne. Gruppendynamische Übungen, Methoden und Techniken, Köln 1971, 43 ff.

Ostern ist wie die Heimkehr eines Gefallenen, dessen Requiem bereits gefeiert worden ist.

„ „ „ *ein Strohhalm, der die Besatzung eines ganzen Schiffes trägt.*

„ „ „ *ein Schmetterling, der sich aus einer Raupe entwickelt: man sieht ihn, und schlagartig merkt man, warum so viele Blüten von dem filzigen Wurm gefressen werden mußten.*

„ „ „ *der Regenbogen, der über der vom Gewitter dampfenden Erde steht: ein Zeichen, daß die Schönheit nicht ,verhagelt' ist.*

„ „ „ *die Waldblumen, die besonders gern auf den morschen, umgerissenen Laubbäumen wachsen.*

Gemeinde ist wie ein Orchester, das auf den Dirigenten wartet.

„   „ „ *ein Dynamo: wenn der Kopf sich nicht dreht, bleibt es dunkel.*

„   „ „ *das Finanzamt: jeder möchte am liebsten wenig damit zu tun haben.*

„   „ „ *eine Stadt am Abend, die Stromausfall hat.*

Die Metaphern bekommen existentielle (und auch subjektive) Bedeutung, wenn in den Anfangsteil der Zusatz „für mich" eingeschoben wird.

Übung:

Gemeinde ist für mich wie . . .

Man kann die Metaphernmethode alleine für sich am Schreibtisch praktizieren. Man kann sie aber auch mit einer Gruppe durchführen, indem man sich die Phantasiekapazität einer Gruppe zu Nutze macht. Immer jedoch gilt, was auch für das Brainstorming von großer Bedeutung ist: Quantität geht in der Phase des Sammelns über Qualität. Es kommt nicht darauf an, sogleich die treffendsten Metaphern zu finden, sondern möglichst viele (Kreativitätsmüll!), aus denen man anschließend die besten auswählt. Was aber sind die besten? Das ist die Frage, die man sich in der Phase der Auswahl stellt: Gute Metaphern sind vor allem jene, die erhellen, statt verdunkeln, die erfreuen, anstatt zu verdrießen, die präzis sind und nicht verschwommen. Eine treffende Metapher kann zum Ausgangspunkt für eine Bildmotiv-Predigt werden.

9. BILDMOTIVE

Motiv meint hier das, was bei einem Bauwerk der beherrschende architektonische Gedanke, bei einer Komposition das Leitmotiv ist. Das Besondere solcher Motive: Sie sind nicht nur die versteckte Grundidee, sondern sichtbar bzw. hörbar. Bei der Predigt besteht dieses Motiv in einem Bildwort, das im einzelnen entfaltet wird. Ein Weg, um Bildmotive zu finden, kann die Metaphernmethode sein. Hat der Prediger ein solches Motiv gefunden und entwickelt, so hat er in den allermeisten Fällen bereits die ganze Predigt.

Beispiele für Bildmotive:

Brücke
Mauer
Turm
Haus
Schiff
Spiegel
Visitenkarte
Schritt
Brief
Kind[1]

Zwei ausgeführte Beispiele:

Beispiel 1: Schritte

„Liebe Hörer!

Am Beginn eines neuen Tages stehen wir wie am Fuß einer Treppe. Werden wir heute abend immer noch dort stehen? Oder werden wir wenigstens eine Stufe höher gekommen

---

[1] Ausführliche Beispiele zu Bildworten wie: Hirte, Spiegel, Leib, Bau, Brief, Perle, Tür, Brot, Licht u. a. finden sich bei J. Kuhn (Hrsg.): Bilder helfen hören, Stuttgart 1973.

110

sein, einen Schritt weiter — in unserer Arbeit und in unseren menschlichen Problemen?

Diese Treppe ist keine Rolltreppe. Das Schöne an einer Rolltreppe ist: Man kann auf derselben Stufe stehenbleiben und kommt doch höher. Aber im Leben ist es nicht so, Gott sei Dank, denn Treppensteigen kräftigt Muskeln und Herz.

Oft sind wir ungeduldig und möchten unsere Ziele mit einem einzigen großen Schritt erreichen, möchten mit einer einzigen Anstrengung wie mit einem Sprung auf dem Gipfel sein — aber Siebenmeilenstiefel gibt es nur im Märchen. Niemand verlangt von uns solche gewaltigen Sprünge; aber wir selbst, unsere Mitmenschen und auch Gott erwarten von uns, daß wir nicht dauernd auf unserer Stufe stehenbleiben, sondern einen kleinen Schritt tun — vorwärts und hinauf. Und wenn wir auch nicht jeden Tag ganz gleichmäßig Schritt um Schritt vorankommen, dann sollte es doch so sein wie bei der berühmten Echternacher Springprozession: zwei Schritte zurück, drei Schritte vorwärts.

Was ist das nun für ein Schritt, den wir heute tun können? Wir brauchen uns ja jetzt keine Sorgen um den übernächsten Schritt zu machen oder gar um den über-übernächsten; wir wollen uns nicht mutlos machen in dem Gedanken, wie viele und wie mühselige Schritte wir noch machen müssen zu dem Ziel, das wir uns gesteckt haben, und auch zu dem Ziel, das Gott uns gesetzt hat, ja, das er selber ist. Nein, wir wollen nur an den einen Schritt denken, den wir heute tun können.

Dieser Schritt sieht bei jedem anders aus, führt bei jedem in eine andere Richtung. Sie selber wissen am besten, was zu tun ist, beruflich oder im Verhältnis zu Ihren Mitmenschen, damit Sie heute ein wenig voran- und höherkommen, wie auf einer Treppe. Aber vielleicht können wir doch einiges bedenken, das für uns alle gilt.

Wenn wir wirklich vorankommen wollen, dann darf wohl der heutige Schritt nicht auf einem Weg liegen, der nur im Kreise um unser eigenes Ich herumführt. Schritte, die uns menschlich vorwärts bringen, mögen noch so verschieden sein — eines haben sie gemeinsam: sie bringen uns jemandem entgegen.

111

Heute ein Schritt einem Menschen entgegen, ein wirkliches Entgegenkommen — das bringt uns voran! Wenn wir nicht warten, bis der andere anfängt, wenn wir den ersten Schritt tun: zu einer Versöhnung etwa oder zur Beseitigung eines Mißverständnisses oder zu einer gemeinsamen Tat — dann kommen wir voran und nehmen andere auf diesem Weg mit.

Es gibt aber auch Schritte uns selbst entgegen, unserem besseren Selbst entgegen, zu dem wir auch nur Stufe um Stufe hinaufsteigen können. Eine Selbstüberwindung, die Beherrschung schlechter Laune, ein Sieg über Mutlosigkeit oder Trägheit: das sind kleine Schritte bergan. Und die machen es uns wieder leichter, dem Mitmenschen entgegenzugehen — ja, meistens ist es derselbe Schritt: auf den anderen zu und auf mein besseres Ich zu. Wir dürfen hinzufügen: das ist dann auch ein Schritt Gott entgegen. Und wenn wir uns gelegentlich Zeit nehmen, auch sprechend, betend ihm einen Schritt entgegenzugehen, dann werden wir vielleicht erfahren: Er, der Lebendige Gott, kommt in vielen Schritten täglich uns entgegen. Den großen Abstand zwischen ihm und uns hat er selbst überschritten, damit wir jeden Tag nur einen kleinen Schritt zu tun brauchen: auf die Menschen und dadurch auf Ihn und auf uns selber zu."[2]

Beispiel 2: Netz
In der Novelle „Das Netz"[3] erzählt W. Bergengruen folgende Begebenheit:
In einem italienischen Fischerdorf auf einer Insel gilt das ungeschriebene Gesetz: Eine Frau, die des Ehebruchs überführt ist, wird von einem hohen, schwarzen Felsen in den Tod gestürzt. Wieder einmal haben Männer des Dorfes eine Frau beim Ehebruch ertappt. Der beschuldigten Frau wird eine knappe Frist gewährt, in der sie ihren Mann ein letztes Mal sprechen darf. Aber der Mann ist nicht zu Hause und kommt auch bis zum Ablauf der Frist nicht zurück. So wird das Urteil erbarmungslos vollstreckt. Am anderen Tag

[2] G. Mross, Rundfunkmanuskript.
[3] W. Bergengruen: Das Netz. Zürich [7]1966.

sehen die Richter die Frau unversehrt am Herd ihres Hauses arbeiten. Staunen packt die Dorfbewohner, als der Mann der Geretteten erzählt, er habe um die Tat seiner Frau gewußt, sei deswegen hingegangen und habe tief unter dem Felsen ein Netz gespannt; dieses habe seine Frau sicher aufgefangen. In der allgemeinen Unschlüssigkeit wird die Markgräfin zur Entscheidung herbeigerufen. Ihr Urteil: Die Frau darf weiterleben. Zum bleibenden Andenken der Rettung schenkt sie der schuldigen Frau ihr Haarnetz.

Das Bild des Netzes soll uns dazu dienen, den Gehalt der Perikope (Joh 8,1-11) besser zu verstehen.

Das erste Netz: die offenen und geheimen „Sittenwächter"

Das Leben der Menschen innerhalb der Familie wie der Gesellschaft ist umgeben von einem Netz ungeschriebener und geschriebener Gesetze und Normen. Ein Netz, das engmaschiger ist, als man glaubt. Ein Netz, das einfängt.

Wer gegen ein Gesetz verstößt, muß mit einer entsprechenden Strafe rechnen. Ohne Regelung wäre kein Leben in Gemeinschaft möglich. Deswegen ordnet man sich im allgemeinen sehr selbstverständlich unter. Man empfindet die Gesetze als Lebenshilfe.

Viel enger aber ist um den Menschen das Netz des „man" gezogen. Wie ein Verkehrsteilnehmer sich nach Ampeln richtet, so richtet sich mancher in seinem Gewissen nach den Signalen der öffentlichen Meinung. Er läßt sich zur Anpassung zwingen. Er geht gern in der Reihe, um nicht den Unwillen der andern auf sich zu lenken, auch wenn ihn dieses Sich-Fügen unzufrieden macht. Der angepaßte Mensch ist freundlich, tolerant; er findet empörend, was man empörend findet; er vergnügt sich, wie man sich vergnügt; und er zieht sich aus der Verantwortung zurück, wie man sich aus der Verantwortung zurückzieht. Das eigene Gewissen und die Freiheit leiden dabei sehr. Aber weil der Weg bequem ist, beugt sich mancher unter diese überall aufpassenden „Sittenwächter". Er schafft sogar noch mit an dieser Diktatur der Wohlanständigkeit, die mit Argusaugen den Lebenswandel des Nachbarn überwacht.

Denn im Menschen selbst sind geheime „Sittenwächter" am Werk. Viele richten über andere, weil sie sich selbst als annehmbare Menschen betrachten, weil sie glauben, sie seien gesetzestreu, sie seien in Ordnung. Vielleicht urteilen und richten sie mit Vorliebe über andere, um selbst nicht verurteilt und gerichtet zu werden. Es mag sogar sein, daß sie ihre gesellschaftliche Wohlanständigkeit für gottgefälligen Lebenswandel halten. Solche Menschen sind gefangen in dem Netz, in dem sie die Erfüllung von Geboten zum Mittel ihrer Selbstheiligung und zum Anspruch auf Gottes Gnade machen. In jedem steckt vielleicht ein Stück dieser Gesetzesfrömmigkeit, die die Pharisäer und Schriftgelehrten erfüllte.

Das zweite Netz: Gottes Erbarmen

Dieses Netz, das den Menschen umgarnt, zerreißt Jesus. Den einen reißt Jesus aus dieser Verstrickung heraus, dem anderen macht er sie bewußt. Durch Schweigen und durch einen gezielten Denkanstoß — „Wer von euch ohne Sünde ist, . . ." — stellt er die Ankläger und Richter vor ihre eigene Verantwortlichkeit, vor ihre eigene Schwäche, vor die menschliche Schwäche, in der die Angst vor der Liebe größer ist als die Furcht vor hartem Urteilen, vor schwerer Schuld.

Die Zuneigung Jesu zur Ehebrecherin, zur Sünderin, ist provokatorisch. Rücksichtslos setzt er sich über die herkömmlichen Auffassungen von Gerechtigkeit hinweg. Eine merkwürdige Unmittelbarkeit begegnet in seinem Verhalten. Immer wieder zerreißt er die Netze, die Menschen um sich und andere werfen, und befreit sie aus ihrer Schuld. Er baut kein neues Netz aus neuen Vorschriften, wie wir es vielleicht gerne gewünscht hätten. Er hält ein nicht vergleichbares, ein ganz anderes Netz bereit: das Netz der Vergebung.

Offenbar gilt für Gott und sein Urteil nicht der vorläufige Gegensatz von „rechtschaffen" und „gottlos", von brav und verkommen. Rechtschaffenheit vor Gott kann nicht allein durch nachprüfbare Erfüllung von Normen, Gesetzen und Übereinkünften erreicht werden.

Gegenüber dieser Haltung sieht Jesus im Sünder einen
Vorzug. Der schuldige Mensch weiß sich in seiner Verloren-
heit Gott ausgeliefert. Schweigend steht die Ehebrecherin
vor Jesus. Sie verteidigt sich nicht, sie beschwichtigt nichts,
sie leugnet nicht. Sie weiß sich durchschaut und gibt ihre
Schuld wortlos zu. Zugleich aber wird sie aufgefangen.
Sie kann sich fallen lassen in das Netz, das Jesus bereit
hält, in das Netz der Vergebung, der Liebe.
In der Novelle Bergengruens ist dreimal von einem Netz
die Rede. Das erste Netz ist das Netz der Normen, in denen
sich der Mensch verhaspeln kann, das Netz des „man",
das Netz der Gewohnheit. Das zweite Netz ist das Netz des
Ehemanns, jenes Netz, das auffängt, ein Netz, in das man
sich gerne fallen läßt: das Netz des Verstehens, des Ver-
gebens, der Annahme, der Güte. Das dritte Netz ist das
Haarnetz der Markgräfin, das ein bleibendes Zeichen für
die Vergebung ist.

10. PERIKOPEN IN VERSCHIEDENEN SITUATIONEN

Viele Perikopen rufen beim Prediger stereotype Gedanken-
verbindungen zu Situationen oder Themen wach, z. B.
Unkraut – Weizen = Böse – Gute. Beschränkt er sich auf
solche eingefahrenen Gedankengänge, wird er seinen Hörern in der Predigt nichts Neues sagen.
Die in diesem Kapitel vorgestellte Technik will neue Aussagen ermöglichen. Sie geht von der Voraussetzung aus:
Man kann aus der Sicht einer Perikope mehr Situationen
und Themen beleuchten, als es auf den ersten Blick erscheint. Darum muß der Prediger, der mit dieser Technik
arbeitet, versuchen, verschiedenste Situationen und Themen mit einem Text in Verbindung zu bringen.
Es geht nicht darum, möglichst viel Material für *eine* Predigt zu gewinnen. Es sollen vielmehr möglichst verschiedene Ansätze für *mehrere* Predigten gewonnen werden, die
man zu diesem Text halten könnte.
Für die so angelegte Bisoziation kennt die Praxis zwei
Wege:

1. Von zentralen Reizwörtern des Textes zu verschiedensten Situationen und Themen.
2. Vom Kernsatz (von der Botschaft) zu verschiedensten Situationen und Themen.

Es ist Ziel dieser Technik, unerwartete Bisoziationen von Text und Situation zu ermöglichen. Das gibt der Predigt einen höheren Informationswert und kann gleichzeitig die Freude von Prediger und Hörern an der Predigt steigern. „Warum eigentlich nicht!" — eine solche Einstellung beim Prediger kann das Gelingen dieser Kreativitätstechnik fördern.

Beispiele

An zwei Beispielen soll diese Technik verdeutlicht werden. Die so gewonnenen Predigtansätze sind jeweils in knappen Stichwörtern skizziert.

(Es dürfte selbstverständlich sein, daß bei einer solchen Technik nicht alle Bisoziationen in gleicher Weise gelungen sind!)

Beispiel 1

Joh 9,1-7

Als Jesus weiterging, sah er einen Mann, der von Geburt an blind war. Die Jünger fragten Jesus: „Wer ist schuld, daß er blind geboren wurde? Er selbst oder seine Eltern?" Jesus antwortete: „Seine Blindheit hat weder mit den Sünden seiner Eltern etwas zu tun noch mit seinen eigenen. Er ist blind, damit Gottes Macht an ihm sichtbar wird. Solange es Tag ist, muß ich die Taten vollbringen, für die Gott mich gesandt hat. Es kommt eine Nacht, in der niemand mehr wirken kann. Solange ich mich in der Welt aufhalte, bin ich das Licht der Welt."

Als Jesus dies gesagt hatte, spuckte er auf den Boden und rührte einen Brei mit seinem Speichel an. Er strich den Brei auf die Augen des Mannes und befahl ihm: „Geh zum Teich Schiloach und wasche dir das Gesicht." Schiloach bedeutet: der von Gott Gesandte. Der

Mann ging dorthin und wusch sein Gesicht. Als er zurückkam, konnte er sehen.

Kernaussage:

Jesus, das Licht der Welt, heilt die Blindheit der Menschen. Dadurch lernt der Mensch, die Welt mit den Augen des Glaubens zu sehen.

Taufe

1. Der Mensch „erblickt das Licht der Welt" (Geburt).
   - Im Reifungsprozeß werden ihm nach und nach die Augen geöffnet.
2. Der Täufling „erblickt das Licht des Glaubens".
   - Im Reifungsprozeß werden ihm nach und nach die Augen geöffnet, die Welt im Licht des Glaubens zu sehen (Aufgabe von Eltern und Paten).

Buße/Vergebung

Schuld verschließt die Augen:
   - „Ich kann ihm nicht mehr in die Augen sehen!"
   - Ich kann nicht unbefangen in die Zukunft sehen.
   - Ich verschließe die Augen vor der eigenen Schuld.

Vergebung durch Gott und / oder die Mitmenschen öffnet die Augen.

„Da gingen ihm die Augen auf"
   - Sackgassensituationen
   - Irrwege im alltäglichen Leben

Ein Mensch, Zufall, Gebet, Erleben ... öffnet mir die Augen.

In solchem befreienden Erleben liegt die Möglichkeit der Christuserfahrung.

(Beispiel: Dem hl. Franziskus „gingen die Augen auf", als er einem Aussätzigen begegnete. In ihm erkannte er Christus, der ihm seinen weiteren Lebensweg wies.)

Trauung

2 Getaufte (denen Gott die Augen des Glaubens geöffnet hat)
   - sehen einander an (Freude aneinander)
   - sehen miteinander (Freude miteinander)

- sehen füreinander (gegenseitige Lebens- und Glaubenshilfe).

Trauer
Trauer macht blind
- für die Zukunft
- für die Mitmenschen
- für alles außerhalb der Trauer.

Der Glaube öffnet die Augen der Hoffnung.
Glauben heißt: durch den Horizont sehen (Afrika).

Tod
Augen, die „das Licht der Welt erblickt haben", schließen sich. Augen, von Christus geöffnet, blicken durch den Horizont des Todes.

Olympia 1972
- Blinder Haß
- Blinde Zerstörungswut
- Blind für den Frieden
- Blind für den Lebenswunsch aller.

Hier müßte ein Christus die Augen öffnen!
Dieses Trauerspiel sollte den Menschen die Augen öffnen!

Beispiel 2
Lk 12,35-40
Haltet euch bereit und zündet eure Lampen an! Seid wie Dienstboten, die auf ihren Herrn warten. Wenn er dann von einer Hochzeitsfeier spät zurückkommt und an die Tür klopft, können sie ihm sofort aufmachen. Sie dürfen sich freuen, wenn der Herr sie bei seiner Ankunft wach und dienstbereit findet. Ihr könnt mir glauben: er wird sich einen Schurz umbinden, sie zu Tisch bitten und sie selbst bedienen. Er kommt vielleicht um Mitternacht oder noch später. Wenn er sie dann wach findet, ist ihnen Freude ohne Ende gewiß. Ihr solltet euch darüber im klaren sein: Wenn ein Hausherr genau wüßte, wann der Dieb kommt, würde er den Einbruch verhindern. Darum seid jederzeit be-

reit, denn der Menschensohn wird kommen, wenn ihr
es nicht erwartet.

Kernaussage:
> Die an Christus glauben, sollen wachsam sein, auf-
> merksam leben, damit sie für den Anruf der Stunde,
> die einmal die Stunde der Wiederkunft Christi sein
> wird, gerüstet sind und *ihre* Gelegenheit nicht ver-
> passen.

„Wenn" — *Erfahrungen*
„Wenn ich hätte"
  = Enttäuschung
  = verpaßte Chancen
  = Versagen
Wachsamkeit als Lösungsangebot:
— Vor-sichtig leben, damit man nicht das Nach-sehen
  („Wenn ich hätte") hat:
— im Blick auf Einzelsituationen des Lebens,
— im Blick auf das gesamte Leben.

Bußgottesdienst
— „Wenn" — Erfahrungen sind oft Schulderfahrungen.
— Teilnehmer am Bußgottesdienst kommen wegen solcher
  Erfahrungen.
— Hilfe zur Gewissenserforschung.
— Anregung zur Wachsamkeit (s. o.).

Taufe
Taufe als Auftrag, wachsam, aufmerksam zu leben.
  — Aufnahme in den Dienst eines „abwesenden" Herrn
  — Auftrag der Eltern und Paten: Erziehung zur Wach-
    samkeit.

Eine Spielsituation
Tobias Brocher schildert folgende Situation:
*„Wir begannen also in einer kleinen Gruppe ... mit einer
Übung, die jeweils für eine bestimmte Zeit einen von uns
dazu berechtigte, ‚halt' zu sagen. Auf dieses Zeichen hin
mußte jeder in der Gruppe, gleichgültig, was er gerade tat*

oder wo immer er sich bewegte, mitten in seiner Bewegung *innehalten, bis der jeweilige Leiter das Zeichen ‚genug'* gab. *Aber wir bemerkten innerhalb kurzer Zeit, wie sehr wir unser Verhalten änderten, weil wir feige waren und unangenehmen Situationen aus dem Weg gehen wollten. So zündete zum Beispiel keiner mehr ein Streichholz an, in der Befürchtung, er könne vom Haltsignal betroffen werden, während es brannte . . . Wir waren verpflichtet, bei jedem Signal auch das Atmen, vor allem aber das Denken anzuhalten.*"[1]

— Ist die Wiederkunft Christi ähnlich zu sehen?
— Wird bei der Wiederkunft Christi eine Momentaufnahme entscheiden?
— Der Duktus unseres gesamten Lebens ist entscheidend!
Darum: sich nicht lähmen lassen, sondern handeln!

Beerdigung
— Älterer Mensch
— Vorbildliches Leben
— Er war gerüstet, weil er aufmerksam gelebt hat
— Sein Leben: eine Predigt für unser Leben.

Advent
Kirchenjahreszeit als Anknüpfungspunkt für die Ansätze:
— „Wenn" — Erfahrungen
— Eine Spielsituation.

11. SPIEL MIT DER ROLLE

Das Gleichnis Lk 15,11-32 kennt drei Hauptbeteiligte:
1. den „verlorenen Sohn",
2. den Sohn, der zu Hause blieb,
3. den Vater.
Inszenierte man dieses Gleichnis, würde man von drei Rollen sprechen.

---

[1] Tobias Brocher, in: Gerhard Rein (Hrsg.): Warum ich mich geändert habe, Stuttgart-Berlin 1971, 11 f.

Ein Blick für solche Rollen kann Perikopen erhellen und Predigtansätze erschließen. Für die Predigt selbst bieten sich zwei Möglichkeiten des Spiels mit der Rolle an:

1. Der Prediger spricht in einer Predigt nacheinander die verschiedenen Rollen durch und setzt sie zum Hörer in Beziehung. Ein Beispiel dazu findet sich am Ende dieses Abschnitts.

2. Er wählt eine Rolle als „Hauptrolle" aus und bietet sie dem Hörer zur Identifikation an. So können aus dem schon genannten Gleichnis drei Predigten entstehen:

a) Hauptrolle „Verlorener Sohn"

Durch ein unkontrolliertes Leben nach Lust und Laune kann der Mensch in Schuld geraten und einsam werden. Jeder, der unter einem solchen Schicksal leidet, darf sicher sein: Gott (und hoffentlich auch der eine oder andere Christ!) verhält sich zu mir wie der Vater im Gleichnis, wenn ich mich an ihn wende.

b) Hauptrolle „Sohn, der zu Hause blieb"

Leistungsdenken, Selbstgerechtigkeit, „Immer das gleiche tun (müssen!) . . .": das kann uns hart und unmenschlich machen Menschen gegenüber, „die es ja selbst in Schuld sind, daß . . ." Solches Verhalten kann vor der Intention des Gleichnisses nicht bestehen. Verzeihende Liebe und wohlwollende Offenheit kann dieser Einstellung als neue Verhaltensweise gegenübergestellt werden.

c) Hauptrolle „Vater"

In unserer Umwelt gibt es viele Einsame, viele durch Schuld Einsame. Wir können sie befreien durch Aufnahmebereitschaft und verzeihende Liebe. Ebenso erleben wir zerstörende Selbstgerechtigkeit und Engstirnigkeit. Unsere Rolle: Solchen Menschen helfen, einen weiteren Horizont, mehr Menschlichkeit und Liebe zu gewinnen.

Das charakteristische Verhalten oder Denken verschiedener Rollen einer Perikope wird mit heutigen Verhaltensweisen bisoziiert. So können aus einer Perikope mehrere Predigten oder gar ein Predigtzyklus entstehen.

Beim Spiel mit der Rolle in der Predigtvorbereitung sind folgende Schritte sinnvoll:

1. Beschreiben Sie die verschiedenen Rollen, die in der Perikope „mitspielen", und wählen Sie eventuell eine aus. Ergänzungsfrage: Sind die Rollen aktiv (gebend) oder passiv (empfangend)?
2. Welche Verhaltensweisen heutiger Menschen können mit dieser Rolle identifiziert werden? Mit welcher Rolle identifiziert sich wahrscheinlich der Hörer selbst?
3. Wird das Verhalten der Rolle (und damit auch des Hörers) durch die Perikope bestätigt oder korrigiert?

Beispiele:

Die ersten beiden Beispiele beschreiben die einzelnen Rollen in den Perikopen. Das dritte Beispiel zeigt an einer ausgeführten Predigt, wie das Spiel mit der Rolle zum Gestaltungsprinzip einer Predigt werden kann.

Beispiel 1: Lk 7,11-17: Jüngling von Naim
Jesus: Er schenkt Leben zurück, macht heil, schenkt Glück (aktive Rolle).
Toter: Tot, sterblich, begrenzt, wird mit neuem Leben beschenkt (passive Rolle).
Mutter: Trauert, weil sie einen Menschen verloren hat. Sie bekommt ihn von Jesus zurückgeschenkt, er beseitigt den Grund ihrer Trauer (passive Rolle).
Volk: Sieht die Großtaten Gottes, staunt, preist Gott (aktive Rolle).

Beispiel 2: Joh 13,1-17: Fußwaschung
Jesus: Er dient, tut Sklavendienst; sein Tun ist zeichenhaft für sein ganzes Leben (aktive Rolle).
Judas: Schuldig bleibt er in der Gemeinschaft, wird von Jesus geduldet. Bis zuletzt bleibt ihm die Türe offen (passiv-aktive Rolle).
Jünger: Jesus dient ihnen — wie in dieser Szene so in seinem ganzen Leben, er schafft ihnen Heil (passive Rolle).
Petrus: Er will sich nicht bedienen lassen, versteht nicht und fragt. Sein Verhalten wird korrigiert; er läßt sich bedienen (aktiv-passive Rolle).

Beispiel 3: Lk 16,19-31: Lazarus und der reiche Prasser
Falsche Sicherheit
In diesem Gleichnis suchen wir zunächst vergeblich nach der Rolle, die wir übernehmen können, die für uns die passende ist.

Der Reiche — diese Rolle paßt kaum. Selbst wenn wir uns für reich halten: ein Blick in deutsche Illustrierten genügt, uns klar zu machen, daß wir bestenfalls zum guten Durchschnitt gehören. Zudem: so herzlos sind wir schließlich auch nicht, daß wir den Armen neben unserer Türe verhungern lassen.

Und der Arme — auch diese Rolle wird den meisten von uns kaum passen, denn so einigermaßen kommen wir ja durch. Zudem: im Vergleich zur Armut in der Dritten Welt ist unsere Armut noch einigermaßen auszuhalten.

Welche Rolle bleibt uns? Die der Brüder? Eigentlich auch nicht! Denn paßt uns die Rolle des Reichen nicht, dann auch nicht die seiner Brüder.

Auch Abraham kommt als Figur aus dem Jenseits für uns nicht in Frage.

So bleibt uns denn nur eine Rolle: die des Zuschauers, der sich in der Loge der Welttheaters behaglich zurücklehnt, sich das Schauspiel „Arm — Reich" ansieht, der den Reichen unsympathisch, den Armen aber sympathisch findet, der das bereits vorausgeahnte „happy end" genießt und sich in seinem Zuschauersessel ebenso behaglich fühlt wie Lazarus in Abrahams Schoß. Da wir nicht die Reichen sind, wird uns wohl ein guter Mittelplatz sicher sein.

Genau in diesem Augenblick aber, wo wir uns sicher fühlen, stehen wir mitten drin. Denn wenn wir genauer hinsehen, liegt die Rolle des Reichen gar nicht darin, daß er reich ist. Das sind nur die Gewänder, die er in diesem Stück trägt. Das Typische seiner Rolle ist etwas anderes: seine Denkart, das, was zwischen den Zeilen steht. Er denkt so wie die Pharisäer seiner Zeit. Reichtum und Wohlergehen sind Gottes Bestätigung für die Gerechtigkeit eines Menschen, Armut und Not sind die Strafen für seine Verschuldungen ... Warum sich also beunruhigen? Warum nach rechts und links sehen? Jedem so, wie's ihm gebührt!

Wohlstand ist Gewähr der Gnade Gottes. Er bedeutet Sicherheit vor Gott. — Das ist die erste Szene.

Diese Denkart wird in der zweiten Szene auf den Kopf gestellt. Gottes Denkart ist anders. Wo der Mensch in seiner Sicherheit den anderen neben sich nicht mehr als Aufforderung empfindet, da können sich leicht die Vorzeichen ändern. Wo der Mensch sich sicher glaubt, auch Gott gegenüber, da betrügt er sich selbst. Das Gleichnis sagt unmißverständlich: Wer sich selbst in Sicherheit wiegt, wer sich selbst nicht mehr in Frage stellen läßt — vielleicht, weil er nicht mehr über seine Beziehung zu Gott und den Menschen nachdenkt —, wer in der Not und Armut des anderen noch eine Bestätigung seiner eigenen Qualität sieht, für den kann es ein unangenehmes Erwachen geben. Für Gott zählt nur eines: Er hat in Christus seine Liebe offenbart und erwartet, daß wir unseren Mitmenschen ebenso tun.

Jetzt sind wir mitten drin im Spiel. Aus ist es mit der Zuschauerrolle. Verlegen wir das Stück in unsere Zeit! Versuchen wir, es zu spielen. Vielleicht spielen wir es auch heute in den Gewändern von Arm und Reich. Vielleicht spielen wir es auch in anderen Gewändern: in denen des sog. guten Christen und des Abseitsstehenden; oder in den Gewändern des ordentlichen Mitglieds unserer Gesellschaft und des Außenseiters. Vielleicht suchen Sie selbst nach weiteren möglichen Gewändern.

Eine solche Situation wollen wir durchspielen.

Es gab einmal Christen, die hatten von ihren Vorfahren Traditionen, Bräuche, Formeln und Gebete übernommen. So feierten sie jeden Sonntag Gottesdienst, beteten in gekonnten Formulierungen, hielten die Gebote und unterhielten sich über Gott und die Welt. Sie waren sich sicher: So ist es Gott wohlgefällig! Und weil sie so sicher waren, dachten sie bald gar nicht mehr darüber nach. Vor ihrer Tür aber lagen viele junge Menschen, die Hunger hatten nach dem Sinn des Lebens. Gerne hätten sie Anteil gehabt an der Sicherheit der anderen — aber deren Zubereitung bekam ihnen nicht. Keiner kam ihnen entgegen. „Die können ja kommen, wenn sie wollen!" Sie waren angesehen als Außenseiter und Gottlose, als arme verirrte Schafe.

Und es kam, daß die Außenseiter starben . . . Ich glaube,
diese zweite Szene können Sie selbst weiterspielen.

Geht es mir darum, zu sagen, alle guten Christen würden
einmal „in der Hölle brutzeln"? Nein, genauso wenig, wie
Jesus das von allen Reichen sagen wollte. Aber es geht
darum zu sagen: Jeder, gleich, wo er steht, der sich in
einer falschen Sicherheit wiegt, der nicht über Grund und
Maßstab dieser Sicherheit nachdenkt, braucht sich nicht zu
wundern, wenn einmal die Dinge ganz anders aussehen
werden. Es gibt nur einen Grund und einen Maßstab für
eine solche Sicherheit: die Liebe!

Am Ende dieser Szene wird den noch Lebenden ein Zei-
chen verweigert: Lazarus soll von den Toten zurückkehren
und die noch lebenden Brüder warnen. Ein Lazarus wird
nicht kommen und uns aufschrecken — auch heute nicht zu
uns. Zu uns, die wir vielleicht die Brüder des Reichen sind.
Wir haben das Gebot Christi, das uns sagt: Gott mißt uns
mit dem Maßstab, mit dem wir unseren Nächsten messen.
Der Maßstab unserer Sicherheit ist also der unserer Näch-
stenliebe: ob wir auf den Mitmenschen zugehen, ihn zu
verstehen suchen, mit ihm ins Gespräch zu kommen ver-
suchen, oder ob der Nächste unbeachtet vor unserer Tür
liegen bleibt.

Wer sich in einer falschen Sicherheit wiegt, den anderen
seinem Schicksal überläßt, der könnte einmal bitter ent-
täuscht werden. Gerne würde ich Sie, liebe Zuhörer, mit
einer frohmachenden Antwort nach Hause entlassen. Allein,
das Evangelium erlaubt es nicht. Es sendet Sie mit einer
Frage nach Haus: einer Frage, die nur eine Antwort findet,
wenn Sie selbst sie geben.

12. SCHÖPFERISCHES SPRECHDENKEN

Diese Technik sei vorgestellt mit den Worten dessen, der
sie zwar nicht erfunden, aber als erster treffend und anschaulich umschrieben hat: Heinrich von Kleist[1]:

---

[1] H. von Kleist: Über die allmähliche Verfertigung der Gedanken beim
Reden (Auszug), zitiert aus: Sämtliche Werke, Th. Knaur Nachf.

Über die allmähliche Verfertigung der Gedanken beim Reden

Wenn du etwas wissen willst und es durch Meditation nicht finden kannst, so rate ich dir, mein lieber, sinnreicher Freund, mit dem nächsten Bekannten, der dir aufstößt, darüber zu sprechen. Er braucht nicht eben ein scharfdenkender Kopf zu sein, auch meine ich es nicht so, als ob du ihn darum befragen solltest: nein! Vielmehr sollst du es ihm selber allererst erzählen.

Ich sehe dich zwar große Augen machen und mir antworten, man habe dir in früheren Jahren den Rat gegeben, von nichts zu sprechen als von Dingen, die du bereits verstehst. Damals aber sprachst du wahrscheinlich mit dem Vorwitz, andere (zu belehren — Erg. d. Verf.), ich will, daß du aus der verständigen Absicht sprechest, dich zu belehren, und so könnten, für verschiedene Fälle verschieden, beide Klugheitsregeln vielleicht gut nebeneinander bestehen. Der Franzose sagt „l'appétit vient en mangeant", und dieser Erfahrungssatz bleibt wahr, wenn man ihn parodiert und sagt „l'idée vient en parlant".

Oft sitze ich an meinem Geschäftstisch über den Akten und erforsche in einer verwickelten Streitsache den Gesichtspunkt, aus welchem sie wohl zu beurteilen sein möchte. Und siehe da, wenn ich mit meiner Schwester davon rede, welche hinter mir sitzt und arbeitet, so erfahre ich, was ich durch ein vielleicht stundenlanges Brüten nicht herausgebracht haben würde. Nicht, als ob sie es mir, im eigentlichen Sinne sagte: denn sie kennt weder das Gesetzbuch, noch hat sie den Euler oder den Kästner studiert. Auch nicht, als ob sie mich durch geschickte Fragen auf den Punkt hinführte, auf welchen es ankommt, wenn schon dies letzte häufig der Fall sein mag. Aber weil ich doch irgendeine dunkle Vorstellung habe, die mit dem, was ich suche, von fernher in Verbindung steht, so prägt, wenn ich nur dreist damit den Anfang mache, das Gemüt, während die Rede fortschreitet, in der Notwendigkeit, dem Anfang nun

Verlag, München (o. J.), 836 ff. Zur Verbesserung der Übersichtlichkeit sind Abschnitte in den ursprünglich durchgehenden Text eingefügt worden.

auch ein Ende zu finden, jene verworrene Vorstellung zur völligen Deutlichkeit aus, dergestalt, daß die Erkenntnis zu meinem Erstaunen mit der Periode fertig ist.

Ich mische unartikulierte Töne ein, ziehe die Verbindungswörter in die Länge, gebrauche auch wohl eine Apposition, wo sie nicht nötig wäre, und bediene mich anderer, die Rede ausdehnender Kunstgriffe, zur Fabrikation meiner Idee auf der Werkstätte der Vernunft, die gehörige Zeit zu gewinnen ... Ich glaube, daß mancher große Redner, in dem Augenblick, da er den Mund aufmachte, noch nicht wußte, was er sagen würde. Aber die Überzeugung, daß er die ihm nötige Gedankenfülle schon aus den Umständen und der daraus resultierenden Erregung seines Gemüts schöpfen würde, machte ihn dreist genug, den Anfang, auf gutes Glück hin, zu setzen.

Mir fällt jener „Donnerkeil" des Mirabeau ein, mit welchem er den Zeremonienmeister abfertigte, der nach Aufhebung der letzten monarchischen Sitzung des Königs am 23. Juni, in welcher dieser den Ständen auseinanderzugehen anbefohlen hatte, in den Sitzungssaal, in welchem die Stände noch verweilten, zurückkehrte und sie befragte, ob sie den Befehl des Königs vernommen hätten. „Ja", antwortete Mirabeau, „wir haben des Königs Befehl vernommen" — ich bin gewiß, daß er, bei diesem humanen Anfang, noch nicht an die Bajonette dachte, mit welchen er schloß: „Ja, mein Herr", wiederholte er, „wir haben ihn vernommen" — man sieht, daß er noch gar nicht recht weiß, was er will. „Doch was berechtigt Sie" — fuhr er fort, und nun plötzlich geht ihm ein Quell ungeheurer Vorstellung auf — „uns hier Befehle anzudeuten? Wir sind die Repräsentanten der Nation" — das war es, was er brauchte! „Die Nation gibt Befehle und empfängt keine" — um sich gleich auf den Gipfel der Vermessenheit zu schwingen. „Und damit ich mich Ihnen ganz deutlich erkläre" — und erst jetzt findet er, was den ganzen Widerstand, zu welchem seine Seele gerüstet dasteht, ausdrückt: „So sagen Sie Ihrem Könige, daß wir unsre Plätze anders nicht, als auf die Gewalt der Bajonette verlassen werden." — Worauf er sich, selbstzufrieden, auf einen Stuhl niedersetzte ...

Ein solches Reden ist ein wahrhaftes lautes Denken. Die Reihen der Vorstellungen und ihrer Bezeichnungen gehen nebeneinander fort, und die Gemütsakte, für eins und das andere, kongruieren. Die Sprache ist alsdann keine Fessel, etwa wie ein Hemmschuh an dem Rade des Geistes, sondern wie ein zweites mit ihm parallel fortlaufendes Rad an seiner Achse.

Übertragung

Diese von Kleist beschriebene Technik zur Ideenfindung kann auch dem Prediger in der Vorbereitungsarbeit eine Hilfe sein. Die Rolle der Kleist-Schwester können dabei ein Mitbruder, ein Freund, ein Besucher, die Haushälterin, die Frau, das Tonband, ja auch die 4 Wände oder die frische Luft übernehmen.

Der Prediger hat eine Perikope, einen Kernsatz vor sich und beginnt, dazu einen Kommentar zu sprechen.

Er hat einen Gedanken, eine Erfahrung, eine Zeitungsnotiz und beginnt zu kommentieren.

Möglicherweise, ja wahrscheinlich beginnt er mit Allgemeinplätzen, mit der Buchstabierung von Selbstverständlichkeiten, dann formuliert er vielleicht Fragen — bis plötzlich der Funke springt: die Predigtidee oder ein guter Gedanke für die Predigt ist geboren.

Dieser Vorgang soll noch einmal an einem vom Tonband abgeschriebenen *Beispiel* verdeutlicht werden.

Der Sprecher hatte die Aufgabe, ohne Vorbereitungszeit in einer Übungsgruppe zu dem Stichwort „Reden ist Silber, Schweigen ist Gold" Stellung zu nehmen.

Er buchstabiert Selbstverständlichkeiten.	Sie kennen sicherlich alle Silber, Sie kennen alle Gold. Sie wissen, daß (zögert) Gold wertvoller ist als Silber (lange Pause). Wenn nun in dem Sprichwort (Pause) gesagt wird, daß Reden Silber ist und Schweigen Gold ist, so liegt in diesem Sprichwort schon eine *Wertung* vor.
Erste Ideenfindung: bringt ihn nicht viel weiter.	Also das Schweigen ist (Pause) oder soll zumindest wertvoller sein als Gold (kurze Pause) als äh Reden

Jetzt scheint er
etwas zu ahnen!

Jetzt ist er schon
nah am Ziel!
Er hat den Gedanken
schon!

Jetzt ist er auch
in Worten da!
Er entfaltet nun die
gefundene Idee:
Schweigen
und Vertrauen.

(längere Pause). Stimmt das? Fallen Ihnen Situationen ein? Oder wo kann es deutlich werden, daß Reden (kurze Pause) Silber ist und Schweigen Gold ist? (Pause). Denken Sie beispielsweise in (Pause) in Ihrer Umgebung, in der Gemeinschaft, in der Sie leben, vielleicht an Ihrem Arbeitsplatz, wooo viiiel undeh gerneehüber andere gesprochen wird (Pause). Und darüber hinaus gibt esss Situationen äh wo Kameraden ooooder einfach Nachbarn Ihnen irgendetwas sagen (kurze Pause) *und erheben einen Vertrauensanspruch* (Pause).

Wenn Sie nun in den äh in der nächsten Situation sich wichtig tun wollen und geben diese Information weiter, zunächst noch gar nicht sehr bedacht (Pause) mag der andere, der diese Information Ihnen gegeben hat, enttäuscht sein (lange Pause). Er wird das nächste Mal vorsichtiger sein, Ihnen Informationen zu sagen (Pause). Undeeh dieser Prozeß, der (kurze Pause) immer weiter fortschreitet und immer mehr Leute äh diese Erfahrung machen, werden Sie in Zukunft immer mehr isolieren, man hält Sie nicht für vertrauenswürdig. Man sagt: Er kann nichts für sich behalten.

13. ERZÄHLEN IN DER PREDIGT

Es gehört zu einer Standarderfahrung der Predigtarbeit, daß eine Geschichte die Zuhörer wie auch den Prediger oftmals mehr packt als eine gut gegliederte, exegetisch wie theologisch saubere Homilie. Erzählungen, Gleichnisse, Fabeln etc. sind wie Brenngläser; wie das Licht in einem

Brennglas gebündelt und dadurch kräftiger, heller und wärmer wird, so bündeln sich in Geschichten Erfahrungen, Geschichten hier zu verstehen als Sammelbegriff für Erzählungen, Gleichnisse, Fabeln, Kurzgeschichten sowie für Tagebuchmaterial, Erfahrungsberichte und Alltagserlebnisse. „Ich brauche Geschichten, um die Welt zu verstehen", bekennt Siegfried Lenz, „und zwar in gleicher Weise, wie andere womöglich die Formel brauchen, das Dokument."[1] Erfahrungen gibt man weiter, indem man sie erzählt. Auch Erfahrungen mit Gott können Menschen nur vermitteln, indem sie davon erzählen. Das ist der Grund, warum das Alte wie das Neue Testament so voll ist von „Geschichten". — „Gott läßt sich nicht definieren, von Gott kann man nur erzählen. Was nicht erzählbar ist von Gott, das zählt nicht in der Theologie; darum gehört auch alle Dogmatik, sofern sie etwas taugt, zur schönen Literatur."[2] Aus den Überlegungen zu einer narrativen Theologie, wie sie von Harald Weinrich und Johannes B. Metz angestellt worden sind[3], ziehen wir die Konsequenz für die Predigtarbeit: Was unserer Predigt nottut, ist das Erzählen. Wir brauchen — im guten Sinn — „Kalendergeschichten vom gegenwärtigen Heil"[4].

Im folgenden möchten wir einige Erzählungen als Beispiele anbieten, verbunden mit Impulsfragen, die den Leser zur Kreativität verführen und seine Phantasie anregen wollen, Predigtideen zu sammeln[5].

---

[1] zit. nach: M. Reich-Rainicki (Hrsg.): Verteidigung der Zukunft, München 1972, 447.

[2] H. Zahrnt: Dem Leben auf der Spur, in: Deutsches Allgemeines Sonntagsblatt vom 8. 7. 1973, 22.

[3] H. Weinrich: Narrative Theologie, in: Concilium 9 (1973) 329—334; und J. B. Metz: Kleine Apologie des Erzählens, in: Concilium 9 (1973) 334—341.

[4] R. Bohren: Predigtlehre, München 1971, 177.

[5] Wir weisen empfehlend hin auf die grundlegende Arbeit von H. Schröer: Moderne deutsche Literatur in Predigt und Religionsunterricht, Heidelberg 1972. —
Aus der Fülle der Sammelbände mit Erzählungen seien nur einige genannt: P. Bichsel: Kindergeschichten, Köln [7]1971. — M. Buber: Die Erzählungen der Chassidim, Zürich 1949. — H. u. U. Halbfas: Das Menschenhaus, Düsseldorf 1972. — F. Kienecker: Der Mensch in der modernen Prosa, Essen 1971. — H. Nitschke: Ich suche Menschen, Stuttgart 1971.

Beispiel 1: Das Clubhaus

An einer gefährlichen Küste befand sich vor Zeiten eine kleine armselige Rettungsstation. Die Küste war schon vielen Schiffen zum Verhängnis geworden. Und so hatte sich eine Handvoll Freiwilliger hier eine kleine Hütte gebaut, um den Wachtdienst zu versehen. Zu dieser Rettungsstation gehörte nur ein einziges Boot. Mit diesem wagte sich die kleine mutige Mannschaft immer wieder, bei Tag und bei Nacht, auf das Meer hinaus, um die Schiffbrüchigen zu retten.

Es dauerte nicht lange, daß dieser kleine Stützpunkt bald überall bekannt wurde. Viele der Erretteten und auch andere Leute aus der Umgebung waren gern bereit, die armselige Station mit Geld zu unterstützen. Die Zahl der Gönner wuchs. So konnte man sich neue Boote kaufen und neue Mannschaften schulen.

Mit der Zeit gefiel den Gönnern die kleine ärmliche Hütte nicht mehr. Die Geretteten, sagte man, benötigten doch einen etwas komfortableren Ort als erste Zufluchtsstätte. Deshalb beschloß man, die provisorischen Lagerstätten durch richtige Betten zu ersetzen. Man erweiterte das Gebäude und stattete alle Räume mit schöneren Möbeln aus. Auf diese Weise wurde die Rettungsstation allmählich zu einem beliebten Aufenthaltsort. Die Station diente den Männern als eine Art Clubhaus.

Gleichzeitig geschah aber auch etwas sehr Verständliches: immer weniger Freiwillige waren bereit, mit auf Bergungsfahrt zu gehen. Was tat man? Man heuerte für die Rettungsboote eine eigene Besatzung an. Immerhin schmückte das Wappen des Seenotdienstes noch überall die Räume, und von der Decke des Zimmers, in dem gewöhnlich der Einstand eines neuen Clubmitgliedes gefeiert wurde, hing das Modell eines großen Rettungsbootes.

Und nun passierte folgendes: Vor der Küste scheiterte ein großes Schiff, und die angeheuerten Seeleute kehrten mit ganzen Bootsladungen Frierender und Halbertrunkener zurück. Unter ihnen befanden sich Schwarze und Orientalen. In dem schönen Clubhaus entstand Chaos. Das Verwaltungskomitee ließ deshalb gleich danach Duschkabinen im

Freien errichten, damit man die Schiffbrüchigen vor Betreten des Clubhauses gründlich säubern könne.

Bei der nächsten Versammlung gab es eine Auseinandersetzung unten den Mitgliedern. Die meisten wollten den Rettungsdienst einstellen, weil er unangenehm und dem normalen Clubbetrieb hinderlich sei. Einige jedoch vertraten den Standpunkt, daß Lebensrettung die vorrangige Aufgabe sei und daß man sich auch noch als „Lebensrettungsstation" bezeichne. Sie wurden schnell überstimmt. Man sagte ihnen: Sie könnten ja auch woanders ihre eigene Rettungsstation aufmachen, wenn ihnen das Leben all dieser angetriebenen schiffbrüchigen Typen so wichtig sei.

Das taten sie dann auch. Sie fingen ganz von vorne an mit einer kleinen erbärmlichen Hütte. Ihr guter Ruf aber verbreitete sich sehr schnell. Es gab neue Gönner, und es entstand ein neues Clubhaus. Usw. usw. Die neue Station wandelte sich genauso wie die erste. Und so kam es dann schließlich zur Gründung einer dritten Rettungsstation. Doch auch hier wiederholte sich die alte Geschichte. Zuerst gab es wieder nur eine kleine erbärmliche Hütte. Aber der gute Ruf verbreitete sich schnell; es gab Gönner; es wurde ein Clubhaus gebaut usw. usw.

Wenn man heute diese Küste besucht, findet man längs der Uferstraße eine beträchtliche Reihe exclusiver Clubs. Immer noch wird die Küste vielen Schiffen zum Verhängnis; nur — die meisten der Schiffbrüchigen ertrinken[6].

Impulsfragen:
— Welche menschlichen Erfahrungen sind in dieser Geschichte angesprochen?
— Welche Beispiele aus dem Alltag fallen Ihnen dazu ein?
— Welche Aussagen enthält die Erzählung?
— Mit welchen Perikopen läßt sich diese Erzählung in Verbindung bringen?
— Bei welchen Anlässen kann ich diese Erzählung in der Predigt verwenden?

---

[5] H. J. Clinebell: Modelle beratender Seelsorge, München 1971, 9—10.

Beispiel 2: Das Seepferdchen

Es war einmal ein Seepferdchen, das eines Tages seine sieben Taler nahm und in die Ferne galoppierte, sein Glück zu suchen. Es war noch gar nicht weit gekommen, da traf es einen Aal, der zu ihm sagte:

„Psst. Hallo, Kumpel. Wo willst du hin?"

„Ich bin unterwegs, mein Glück zu suchen", antwortete das Seepferdchen stolz.

„Da hast du's ja gut getroffen", sagte der Aal, „für vier Taler kannst du diese schnelle Flosse haben, damit kannst du viel schneller vorwärts kommen."

„Ei, das ist ja prima", sagte das Seepferdchen, bezahlte, zog die Flosse an und glitt mit doppelter Geschwindigkeit von dannen. Bald kam es zu einem Schwamm, der es ansprach:

„Psst. Hallo, Kumpel. Wo willst du hin?"

„Ich bin unterwegs, mein Glück zu suchen", antwortete das Seepferdchen.

„Da hast du's ja gut getroffen", sagte der Schwamm, „für ein kleines Trinkgeld überlasse ich dir dieses Boot mit Düsenantrieb; damit könntest du viel schneller reisen."

Da kaufte das Seepferdchen das Boot mit seinem letzten Geld und sauste mit fünffacher Geschwindigkeit durch das Meer. Bald traf es auf einen Haifisch, der zu ihm sagte:

„Psst. Hallo, Kumpel. Wo willst du hin?"

„Ich bin unterwegs, mein Glück zu suchen", antwortete das Seepferdchen.

„Da hast du's ja gut getroffen. Wenn du diese kleine Abkürzung machen willst", sagte der Haifisch und zeigte auf seinen geöffneten Rachen, „sparst du eine Menge Zeit."

„Ei, vielen Dank", sagte das Seepferdchen und sauste in das Innere des Haifisches, um dort verschlungen zu werden.

Die Moral dieser Geschichte: wenn man nicht genau weiß, wohin man will, landet man leicht da, wo man gar nicht hin wollte[7].

---

[7] R. F. Mager: Lernziele und programmierter Unterricht, Berlin 1970, XVII.

Beispiel 3: Der Paradiesgarten

In Urzeiten spielten die Kinder im Paradiesgarten des Va-
ters aller Menschen, geborgen und zufrieden.

Keines von ihnen fühlte sich eingeengt oder gefangen
durch die hohe Mauer, die ihr Jugendglück umgab, bis ein
heranwachsender Spielgefährte auf die Mauer aufmerk-
sam wurde — und eben dies verspürte: „Man traut uns
nicht!" rief er den anderen zu.

„Man behandelt uns wie Unmündige! Auf, laßt uns die
Mauer abreißen!"

Die Kinder folgten ihm nach kurzem Zögern.

Doch als sie die Mauer niedergelegt hatten, entdeckten sie,
daß ringsum und unmittelbar an ihrem Fuß die Klippen
steil ins Meer abfielen. Die Mauer, die sie umfangen hatte,
war der Schutz vor dem Tod in der See.

Seitdem aber — so erzählt die Geschichte weiter — drän-
geln sich die Kinder ängstlich in der Mitte der Insel zu-
sammen. Keines wagt mehr die alten, freien Spiele; ihre
scheinbare Befreiung ist ihnen zur Last geworden[8].

Beispiel 4: Die Legende vom „modernen" Menschen

Ein „moderner" Mensch verirrte sich in der Wüste. Die un-
barmherzige Sonnenglut hatte ihn ausgedörrt. Da sah er in
einiger Entfernung eine Oase. Aha, eine Fata Morgana,
dachte er, eine Luftspiegelung, die mich narrt. Denn in
Wirklichkeit ist gar nichts da.

Er näherte sich der Oase, aber sie verschwand nicht. Er
sah immer deutlicher die Dattelpalmen, das Gras und vor
allem die Quelle. Natürlich eine Hungerphantasie, die mir
mein halb wahnsinniges Gehirn vorgaukelte, dachte er.
Solche Phantasien hat man bekanntlich in meinem Zu-
stand. Jetzt höre ich sogar die Wasser sprudeln. Eine Ge-
hör-Halluzination. Wie grausam die Natur ist.

Kurze Zeiter später fanden ihn zwei Beduinen tot. „Kannst
du so etwas verstehen?" sagte der eine zum anderen, „die
Datteln wachsen ihm beinahe in den Mund. Und dicht
neben der Quelle liegt er verhungert und verdurstet. Wie

---

[8] G. K. Chesterton, zit. nach: J. Kuhn: Aufmerksamer leben, Stuttgart 1960, 70.

ist das möglich?" Da antwortete der andere: „Er war ein moderner Mensch.“[9]

Beispiel 5: Himmel und Hölle
Ein Rabbi bat Gott darum, einmal den Himmel und die Hölle sehen zu können. Gott erlaubt es ihm und gibt ihm den Propheten Elia als Führer mit.
Zuerst führt Elia den Rabbi in einen großen Raum, in dessen Mitte auf einem Feuer ein Topf mit einem köstlichen Gericht steht. Rundum sitzen Leute mit langen Löffeln und langen alle in den Topf; aber alle Leute sehen blaß, mager und elend aus — denn die Stiele ihrer Löffel sind so lang, daß sie das herrliche Essen nicht in den Mund bringen können. Als die beiden Besucher wieder draußen sind, fragt der Rabbi den Propheten, welch seltsamer Ort das gewesen sei.
Es war die Hölle.
Darauf führt Elia den Rabbi in einen zweiten Raum, der genauso aussieht wie der erste Raum: in der Mitte brennt ein Feuer und kocht ein köstliches Essen. Leute sitzen herum mit langen Löffeln in der Hand — aber sie sind alle gut genährt, gesund und glücklich. Denn sie benutzen die langen Löffelstiele, um sich gegenseitig zu essen zu geben[10].

Beispiel 6: Der kleine Prinz und die Rose
             (eingearbeitet in eine Trauansprache)

Das Fürwort ‚mein‘

Liebes Brautpaar!
Die Grammatik der deutschen Sprache hat eine Wortart, die wir Fürwörter nennen. Solche Fürwörter lauten: mein, dein, sein, unser ... In Zukunft wird N. im Bekanntenkreis, am Telefon oder anderswo von ‚ihrem‘ Mann sprechen, und N. wird in Zukunft von ‚seiner‘ Frau sprechen. Der Hochzeitstag ist der Tag des Fürwortes. Das kleine, unscheinbare und beinahe selbstverständliche Fürwort ‚mein‘ wird zum

---

[9] aus: An jedem Tag (Hrsg.: Arbeitsgemeinschaft Missionarischer Dienste), Stuttgart 1972.
[10] G. Hommel: Freude am Christentum, in: Bibel heute, H. 25, S. 17.

Magneten, zum Motor und zum Gestaltungsprinzip gemein-
samen Lebens.
In der Schule haben wir gelernt: das Fürwort ‚mein' ist
besitzanzeigend. Besitzanzeigendes Fürwort! Da sträubt
sich unser Empfinden. Besitzanzeigend? Nein. Ein Auto,
ein Haus, einen Farbfernseher kann ich besitzen. Aber nicht
einen Menschen. „Du wirst mich nie verlieren", sagte eine
Frau zu ihrem Mann, „weil du mich nie festhalten wolltest."
Einen anderen Menschen kann man nicht besitzen. Was hat
es dennoch mit diesem Fürwort ‚mein' auf sich? Was be-
deutet es: „Ich nehme Dich zu m e i n e m Ehepartner?"

Saint-Exupéry erzählt, wie der kleine Prinz lange über den
Sand, die Felsen und den Schnee gewandert ist, und wie er
dann auf einen blühenden Rosengarten stößt.
„Guten Tag", sagte er.
„Guten Tag", sagten die Rosen. Der kleine Prinz sah sie
an. Sie glichen alle seiner Blume.
„Wer seid ihr?" fragte er sie höchst erstaunt.
„Wir sind Rosen", sagten die Rosen.
„Ach!" sagte der kleine Prinz ...
Und er fühlte sich sehr unglücklich. Seine Blume hatte ihm
erzählt, daß sie auf der ganzen Welt einzig in ihrer Art sei.
Und siehe! Da waren fünftausend davon, alle gleich, in
einem einzigen Garten!
Sie wäre sehr böse, wenn sie das sähe, sagte er sich ...
sie würde fürchterlich husten und so tun, als stürbe sie, um
der Lächerlichkeit zu entgehen. Und ich müßte wohl so tun,
als pflegte ich sie, denn sonst ließe sie sich wirklich ster-
ben, um auch mich zu beschämen ...
Dann sagte er sich noch: Ich glaubte, ich sei reich durch
eine einzigartige Blume, und ich besitze nur eine gewöhn-
liche Rose ... Und er warf sich ins Gras und weinte.
Dann aber gesellt sich zu dem kleinen Prinzen ein Fuchs.
Und dieser verrät ihm das Geheimnis des Vertrautwerdens,
das Geheimnis, ‚mein' sagen zu können. Mit diesem Ge-
heimnis schickt der Fuchs den kleinen Prinzen zum Rosen-
garten zurück.
„Ihr gleicht meiner Rose gar nicht, ihr seid noch nichts",
sagte er zu ihnen. „Niemand hat sich euch vertraut ge-

macht. Ihr seid, wie mein Fuchs war. Der war nichts als ein Fuchs wie hunderttausend andere. Aber ich habe ihn zu meinem Freund gemacht, und jetzt ist er einzig in der Welt." Und die Rosen waren sehr beschämt. „Ihr seid schön, aber ihr seid leer", sagte er noch. „Man kann für euch nicht sterben. Gewiß, ein Irgendwer, der vorübergeht, könnte glauben, meine Rose ähnle euch. Aber in sich selbst ist sie wichtiger als ihr alle, da sie es ist, die ich begossen habe. Da sie es ist, die ich unter den Glassturz gestellt habe. Da sie es ist, die ich mit dem Wandschirm beschützt habe. Da sie es ist, deren Raupen ich getötet habe. Da sie es ist, die ich klagen oder sich rühmen gehört habe oder auch manchmal schweigen. Da es meine Rose ist."

Die drei letztgenannten Dinge sind es, die die Zugehörigkeit, das ‚Mein'-sagen-Dürfen, ausmachen. Den anderen klagen oder sich rühmen hören oder auch manchmal schweigen.

Liebe Barbara, lieber Herbert, die Zugehörigkeit, die ihr euch heute gegenseitig versprecht, bedarf der besonderen Pflege, bedarf der Kultivierung. Und diese besteht darin, es immer mehr zu lernen, den anderen klagen und sich rühmen und schweigen zu hören. Denn diese drei Dinge — klagen, sich rühmen, schweigen — sind es, die eine Ehe entweder zum „Himmel auf Erden" oder zur „Hölle auf Erden" machen können.

Den anderen klagen hören. Wann klagt ein Mensch? Wenn das Leben schwer wird, wenn er leidet, wenn er sich nicht verstanden weiß und wenn er nach Sinn sucht. Den anderen klagen hören heißt: ihm in solchen Situationen Stütze sein, ihn nach der Bedeutung der Dinge für ihn fragen, ihm die Zuversicht geben, daß er nicht allein gelassen ist.

Den anderen sich rühmen hören. Das könnte bedeuten: den anderen in seinem Selbstbewußtsein sich entfalten sehen und ihm dabei durch Lob zu helfen. Viele handeln nach dem Motto: Der Mangel an Tadel ist Lob genug. Das jedoch ist falsch und dumm. Denn jeder von uns möchte in seinem Leben, in seinem Beruf und in seinen positiven Eigenschaften Bestätigung und Lob erfahren. Bestätigung ist für den Menschen das, was für den Fisch das Wasser *ist. Ein Fisch kann ohne Wasser nicht leben. Ein Mensch kann ohne Lob nicht leben. Achtet darauf, daß Eure Ehe nicht unter einem Vitaminmangel an hörbarem Rühmen, an Lob und an Bestätigung leidet.*

Den anderen schweigen hören. Jeder von uns trägt viel mit sich herum, von dem er nie spricht. Es kommt in der Ehe darauf an, zu ahnen, was der andere fühlt und denkt. Man macht sich das Leben zu zweit gegenseitig leichter, wenn man seine Wünsche formuliert.

Wer den anderen klagen oder sich rühmen gehört hat oder auch manchmal schweigen, hat sich den anderen vertraut gemacht. Der darf ,mein' sagen, nicht weil der andere mir gehört, sondern weil er zu mir gehört. Dieses Geheimnis des ,Mein'-Sagens schenkte der Fuchs dem kleinen Prinzen. Zum Schluß sagt er ihm: „Du bist zeitlebens für das verantwortlich, was du dir vertraut gemacht hast."

Jeder von Euch beiden, liebe Barbara und lieber Herbert, ist zeitlebens für das verantwortlich, was er sich vertraut gemacht hat. Das Fürwort ,mein', das Ihr Euch heute gegenseitig zusprecht, ist ein Vermächtnis, ein Sakrament, das eingelöst sein will. Nur mit der Liebe ist dieses Vermächtnis einzulösen. Und darum:

Lieber Herbert, fang nie an, damit aufzuhören, Barbara zu lieben! Hör nie auf, damit anzufangen, Barbara zu lieben!

Liebe Barbara, fang nie an, damit aufzuhören, Herbert zu lieben! Hör nie auf, damit anzufangen, Herbert zu lieben!

Text: Joh 15,9-17

Hilfen zur Vorbereitung

Erzähler, Zuhörer, Erzählstoff und Schallform der Erzählung (sprachlich und sprecherisch) stehen in engster Wechselwirkung. Das richtige Zusammenwirken dieser vier Faktoren im Erzählvorgang garantiert die intendierte Wirkung. Achtet der Prediger auf die folgenden Gesichtspunkte, so kann zuhörergerechtes und glaubwürdiges Erzählen gelingen[11].

---

[11] Zum ganzen: S. Eick: Kunst des Erzählens, Tübingen [2]1969, und H. Böll: Das wahre Wie, das wahre Was. Ratschläge für mündliche Erzähler, in: Dichter erzählen Kindern, München [4]1971, 185—190.

1. Eine gute Erzählung ist mit einem schön verpackten Geschenk zu vergleichen: Papier und Band müssen zueinander, beides aber muß zum Inhalt, zur Situation und zum Empfänger passen. Ein solches Geschenk will vorbereitet sein. Darum ist es wenig sinnvoll, einfach drauflos zu erzählen.

2. Soll eine Erzählung in ihrer dargebotenen Form das Attribut „gut" verdienen, ist das völlige Vertrautsein mit dem Erzählstoff notwendig. Der Erzähler bzw. Prediger muß den Stoff verstandes- wie gefühlsmäßig durchdringen und ihn sich so zu eigen machen, „als wär's ein Stück von ihm". Nur die intensive Beschäftigung mit dem Stoff ermöglicht ein Erzählen aus innerer Schau. Wer diese mühevolle Vorarbeit scheut, ist beim Erzählen vor Entgleisungen und Peinlichkeiten nicht sicher.

Eine Erzählung auswendigzulernen ist die schlechteste Vorbereitung, die man sich denken kann.

3. Die Anordnung des Stoffes muß konsequent auf das Ziel hin durchdacht sein. Erzählziel und Predigtziel müssen in Korrelation zueinander stehen. Fragen bei der Vorbereitung:
— Welches Ziel will ich erreichen?
— Was ist für dieses Ziel wesentlich, was unwesentlich?
— Welche Einzelheiten würden mehr ablenken als hinlenken?
— Wo liegen die Gelenkstellen der Erzählung?

4. Die Spannung einer Erzählung kann durch den Aufbau gesteigert werden. Das gängigste Prinzip ist der chronologische Aufbau, der es dem Erzähler leicht macht, die Erzählung zu memorieren. Ebenso gut denkbar ist aber auch der Beginn mittendrin mit anschließender Rückblende. Durch diese Form wird die Spannung des Anfangs gesteigert und die Aufmerksamkeit der Zuhörer erhöht. Bei jeder Art der Wiedergabe kann es für den Hörer eine Hilfe sein, die eigene Begegnung mit der Geschichte mitzuerzählen.

5. Folgende Fragen können der Kritik an der Erzählung dienen[12]:

---

[12] In gekürzter Form entnommen aus: S. Eick: Kunst des Erzählens, Tübingen [2]1969, 54 f.

a) Wie wirkt meine Erzählung als Ganzes?
Würde ich geduldig und interessiert zuhören können? —
Wie sehr gefällt mir selbst die Geschichte, die ich erzähle? — Wann würde sie mir noch besser gefallen?

b) Läuft alles folgerichtig und klar ab?
Würde ich, wenn mir die Handlung unbekannt wäre,
alles verstehen? — Wo liegen Unklarheiten?

c) Was ist wesentlich, was unwesentlich (wenn auch schön!)?
Habe ich etwas erzählt, das in keinem echten Zusammenhang mit der Geschichte steht? — Bin ich abgeschweift? — Habe ich Wichtiges vergessen?

d) Wie lange habe ich gebraucht, um zum Kern der Ereignisse vorzudringen?
Ist der Spannungsbogen erst gar nicht entstanden oder
ist er zerbrochen? — War der Anlauf umständlich? —
Standen Pointe und Vorgeschichte in einem ausgewogenen Verhältnis zueinander?

e) Wie sind meine Sätze angelegt?
Sind sie zu kurz oder zu lang? — Sind es umständliche
Schachtelsätze? — Sind es zu viele „Und dann"-Reihungen? — An welchen Stellen hätte ich eine Aussage durch
einen Ausruf ersetzen können?

f) Wie war meine Wortwahl?
Wo hatte ich Schwierigkeiten, das richtige und plastische
Wort zu finden? — Wo habe ich mich verheddert? —
Habe ich die Sprache genug ausgekostet (z. B. lange
Vokale lang gesprochen?)?

g) Welche Zeitwörter habe ich verwendet?
Fuhren alle Wagen, liefen alle Menschen, flossen alle
Wasser? — Er sagte, sie sagte, es sagte — waren das
die einzigen Beisätze für die Gespräche?

h) Welche Redeformen habe ich verwendet?
Habe ich die Personen selbst und eindrucksvoll reden
lassen? — Wurde zuviel indirekte Rede verwendet?

i) Wie habe ich gesprochen?
Ist meine Stimme mitgegangen? — Hat sie wirkungsvoll
die wörtliche Rede unterstützt? — Sind die nötigen Pausen eingelegt worden? — Spreche ich ruhig und überlegt? — Atme ich an der syntaktisch gegebenen Stelle?

– Habe ich übertrieben, so daß die ganze Erzählung überzogen wirkte? – Wirkte alles natürlich?

j) Wie habe ich meine Hörer geführt?
Gleitet ihnen meine Erzählung wie ein fortlaufender Faden durch die Hand, mit dem sich immer neue Fäden zu einem bunten Ganzen verbinden? – Oder habe ich erst an den entscheidenden Stellen bemerkt, daß ich Wichtiges vergessen hatte? – Habe ich mich verheddert und den Faden nicht wiedergefunden?

Eine chassidische Legende erzählt, wie man Geschichten erzählen soll:
Mein Großvater war lahm. Einmal bat man ihn, eine Geschichte von seinem Lehrer zu erzählen. Da erzählte er, wie der große Baalschem beim Beten zu hüpfen und zu tanzen pflegte. Mein Großvater stand und erzählte, und die Erzählung riß ihn so hin, daß er hüpfend und tanzend zeigen mußte, wie der Meister es gemacht hatte. Von der Stunde an war er geheilt.
So soll man Geschichten erzählen!

14. GESTALTUNGSIDEEN

Durch Bisoziation von Inhalten mit bestimmten Formen der Gestaltung können schöpferische Predigten gelingen. Dazu möchte dieser Abschnitt Anregungen geben. Nicht eine erschöpfende Skala der Möglichkeiten soll geboten werden. Vielmehr sollen die verschiedenartigen Impulse anregen, die hier vorgestellten Möglichkeiten zu erproben und nach neuen Möglichkeiten zu suchen[1].

1. Thesen
Die Hauptgedanken der Predigt sind in Thesen zusammengefaßt. So ergibt sich eine einfache und merkbare Gliederung der Predigt: These 1, Entfaltung – These 2, Entfaltung, ...

---

[1] Vgl. hierzu auch: F. Jantsch: Man kann auch anders predigen, Wien 1970.

2. Interview
Verschiedene Möglichkeiten bieten sich an:

a) Interviews im Gottesdienst anstelle der Predigt (z. B. Thema § 218: ein Arzt, eine Frau, ein Theologe werden interviewt).

b) Einige Jugendliche gehen auf die Straße und nehmen Interviews zum geplanten Thema auf Tonband auf. Diese Interviews werden in die Predigt eingespielt.

c) Erdachte Interviews als Gestaltungsform einer üblichen Predigt (z. B. Interview mit den zehn Aussätzigen[2]). Dieses Interview wird nicht gespielt, sondern vom Prediger erzählt.

3. Eingespielte Hörspiele
Eine Arbeitsgruppe der Gemeinde formt Situationen, die der Prediger aufgreifen möchte, in Hörspiele um, die im Gottesdienst zur Predigt eingespielt werden (vom Tonband)[3].

4. Anspiele und Sprechspiele
Solche „Spiele" können auch direkt im Gottesdienst als Anspiele oder Sprechspiele gespielt werden[4].

5. Sprechmotette als Predigt
Verschiedene moderne Texte, plakative Schlagzeilen, Situationsberichte, Zeitungsnotizen, Schrifttexte, eigene Texte usw. werden am roten Faden eines Themas aufgereiht und von verschiedenen Sprechern anstelle der Predigt oder in der Predigt vorgetragen.

6. Liedpredigt
Statt der Predigt oder in der Predigt kann eine Gruppe der Gemeinde oder ein guter Solist verkündende Lieder vor-

---

[2] Vgl. K. Rommel, Familien im Gottesdienst, Lahr 1971, 28 f.

[3] Für alle Gestaltungsideen, die mit audio-visuellen Medien arbeiten, gibt folgendes Buch gute Anregungen: Pierre Babin (Hrsg.): Audiovisuelle Glaubenserziehung, Köln 1972.

[4] Vgl. z. B.: W. Heiner: Zeigt uns, was Ihr sagen wollt. Anspiele zur missionarischen Verkündigung, Gießen/Basel 1972 — R. O. Wiemer: „Wir Leute von Bethlehem". Sprechkantate für Advent und Weihnachten, Weinheim (o. J.). — Ders.: Aufregende Nachricht. Sprechmotette für Advent und Weihnachten, Weinheim, (o. J.).

tragen, die dann eventuell vom Prediger kommentiert werden. Ähnliches kann gelingen, wenn der Prediger passende Songs von Platten in die Predigt einspielt[5].

7. Gespräch
Ist die Gemeinde überschaubar (d. h. nicht mehr als 30 Gottesdienstbesucher), kann man statt der „monologischen" Predigt ein Predigtgespräch führen.

8. Referierende Predigt
Der Prediger legt seiner Predigt einen guten theologischen Aufsatz zu Grunde, den er in der Predigt referiert. Dabei hat er besonders auf den Plausibilitätsgrad seiner Ausführungen zu achten. Referierend kann er leichter Pointierungen herausarbeiten und kritische Anmerkungen machen, als wenn er die Gedanken „als seine eigenen" predigt.

9. Bildmeditation
Predigt als meditierender Kommentar zum Bild (Dias, ausgeteilte Bilder, Symbole usw.).

10. Meditationsanstöße
In eine längere Meditationsstille zu einem Bild oder einem Text geben der Prediger oder die Teilnehmer verschiedene Meditationsanstöße. Diese Anstöße können auch auf Plakate oder auf einen Tageslichtschreiber geschrieben werden.

11. Kurzfilmeinsatz
Wo es technisch möglich ist, kann man das Problem, zu dem man sprechen möchte, auch durch einen Kurzfilm vorstellen. Dieser Film wird anschließend kommentiert oder vorher eingeführt[6].

---

[5] Geeignete Lieder finden sich z. B. in dem Buch von K. Rommel: Familien im Gottesdienst, Lahr 1971, oder in den Werkbüchern „Aktion Gottesdienst" (Hrsg.: U. Seidel u. D. Zils), Wuppertal 1970. — Wer schöpferische und musikalische Gruppen in der Gemeinde hat, kann den Versuch machen, mit diesen Gruppen selbst zu texten.

[6] Informationen über erreichbare Kurzfilme (z. T. mit thematischem Katalog) geben alle kirchlichen und staatlichen Bildstellen. — Für die Arbeit mit Kurzfilmen vgl.: F. Fischer: Praktische Beispiele für den Einsatz der audiovisuellen Medien, in: F. Zöchbauer: Verkündigung im Zeitalter der Massenmedien. München 1969, 75—140.

12. Statementpredigt

Statt des einen Predigers nehmen etwa drei Prediger jeweils aus ihrer Sichtweise zu einer Frage, zu einem Fest oder Anlaß Stellung. Der Gottesdienst bekommt dadurch den Charakter einer Kundgebung.

15. KREATIVES LESEN

Kreativität braucht Nahrung. Ohne entsprechenden Lesestoff kann sich die Kreativität eines Predigers sehr bald totlaufen. Kein Prediger ist so schöpferisch, daß er ohne ‚aufgelesene' Anregungen auszukommen vermag.

Lesen und Lesen sind aber zweierlei[1]. Es gibt ein passives Lesen, das sich mühsam durch den Stoff hindurchquält. Man nimmt das Gelesene im Grunde nur halb zur Kenntnis, fängt jedoch nichts damit an, nutzt es nicht voll aus. Man kombiniert es nicht mit dem, was man bereits weiß; nimmt in Gedanken nicht vorweg, worauf der Autor vielleicht noch zu sprechen kommen müßte; ist auch nicht enttäuscht, wenn er nicht darauf zu sprechen kommt.

Es gibt Menschen, die brauchen nur zehn Minuten mit dem Bus zu fahren, und haben auf dieser kurzen Reise schon die farbigsten Eindrücke gesammelt, manche kuriose Beobachtung gemacht und dieses oder jenes erlebt. Andere dagegen erfahren in diesen zehn Minuten Busfahrt gar nichts. Ähnlich verhält es sich beim Lesen: es gibt Leser, die entdecken beim Lesen in kurzer Zeit manche Idee, auf die sie ohne diese Lektüre wahrscheinlich nicht gekommen wären; andere dagegen lesen ein umfangreiches Buch von vorne bis hinten durch, ohne mit dem Gelesenen das Geringste anzufangen. Das ist der Unterschied zwischen dem passiven und dem kreativen Lesen.

Der kreative Prediger liest mit einer ‚Wozu-Haltung', mit der sogenannten Transferhoffnung. Er geht das Buch mit dem Magneten einer ganz bestimmten Problemstellung

---

[1] Zum Ganzen: W. Zielke: Besser, schneller, rationeller lesen. München 1973. Aber auch:
C. S. Lewis: Über das Lesen von Büchern. Freiburg 1966.

144

durch, und siehe da: Es finden sich auch manche Gedankenspäne, die an dem Magneten hängenbleiben. Der passive Leser geht ohne präzise Fragen an den Lesestoff heran. Er stellt sich niemals die Frage: wie mag es wohl weitergehen? Welche Folgerungen wird der Autor ziehen? So kann es sehr schnell eintreten, daß ihm das Lesen (wie die Phase der Stoffsammlung überhaupt) zu einer mühsamen Phase wird, die er am liebsten unterlassen möchte. Anders der kreative Leser! Ihm ist das Lesen eher eine Lust als eine Last, eher Abenteuer als mühsame Arbeit. Seine Haltung ist der eines Sportlers beim fliegenden Start zu vergleichen. Er hat, bevor er überhaupt zu lesen beginnt, bereits Anlauf genommen, indem er sich durch präzise Fragestellung auf den Lesestoff eingestellt hat. So fällt es ihm leichter, unwesentliche Ausführungen zu überspringen. Er hat ein Gespür dafür, was für seine Predigt etwas ,hergeben' kann und was nicht. Der Geist hat seine Arbeit bereits aufgenommen, noch bevor die Augen über die Zeilen wandern. Der Umgang mit dem Lesestoff ist beim kreativen Lesen viel souveräner als beim passiven Lesen.

Um kreatives Lesen systematisch zu trainieren, sind folgende Wege denkbar[2]:

1. Eigenständiges Wiedergeben des Gelesenen.
2. Weitere Ausarbeitung des Gelesenen.
3. Umstellung des Gelesenen.
4. Hinausgehen über das Gelesene.

Starthilfen für kreatives Lesen:

1. Was gefällt mir?
2. Was möchte ich gern anderen weitererzählen?
3. Welche Gedankenkette wurde in mir ausgelöst bei den interessanten Stellen? Habe ich diese Assoziationskette notiert?
4. Stimme ich mit der Lösung des Autors überein?
5. An welchen Stellen wurde mein Widerspruch wach?

---

[2] Vgl. E. Torrance: Die Pflege schöpferischer Begabung, in: Günther Mühle und Christa Schell (Hrsg.): Kreativität und Schule, München 1970, 192.

Habe ich diesen Widerspruch formuliert? Evtl. notiert in einer kurzen Gegendarstellung?

6. Welche Folgerungen würde ich aus den Behauptungen ableiten? Sind es dieselben, die der Verfasser abgeleitet hat? Sind es neue?

7. Welche Beispiele aus der eigenen Erfahrung fallen mir ein?

8. Mit welchen Textstellen aus der Bibel kann ich die Erkenntnisse evtl. in Zusammenhang bringen?

V. Kreativität und Berufsbild

1. Aus dem Kalender eines Großstadtpfarrers
2. Was einem Pfarrer gut täte
3. Fünf Thesen zu „Kreativität – ein Lebensprogramm"
4. Checkliste für den Pfarrerdienst
5. Mut zur Kreativität: drei Erzählungen

Kreativität ist eingebettet in das Gesamt der mehr oder weniger kreativen Verhaltensmuster, die im Alltag eines Menschen sichtbar werden.

Deswegen kann so etwas Banales wie ein Terminkalender Rückschlüsse zulassen, inwieweit kreative Fertigkeiten und Einstellungen im Alltag gedeihen oder verkümmern.

Der ausführliche Terminkalender eines katholischen Pfarrers, der repräsentativ für den Wochenablauf vieler, auch protestantischer Pfarrer sein dürfte, findet sich in „Querschnitt", einem Organ der Erzdiözese Paderborn[1].

1. AUS DEM KALENDER EINES GROSSSTADTPFARRERS

Montag, 7. 8.

8.15 Uhr	PKW zur Inspektion, 15 km Weg
9.45 Uhr	Rückkehr, Büro: Post, Telefonate, Besprechung mit Rendanten
10.10 Uhr	Besuch der Lehrerkonferenz Hauptschule, 1. Schultag, Stundenplan für Religionsunterricht
10.40 Uhr	Rückkehr, Büro: Diktate, Telefonate, Kollektenabrechnung. Kurzer Besuch im Kindergarten, Begrüßung einer neuen Praktikantin
12.20–12.55 Uhr	Besuch Lehrerkonferenz Grundschule, Stundenplan für den Religionsunterricht
14.15 Uhr	Besuch in einem Nachbarort, frühere Gemeinde, bringe Besuch mit, der 2 Tage in meinem Hause bleibt
15.30 Uhr	Rückkehr, anschließend Abholen des eigenen PKW nach Inspektion
16.50 Uhr	zurück im Büro, kleine Erledigungen und eine Besorgung im Ort
18.10 Uhr	Zeit für den Besuch, langes Nachtgespräch bis 2 Uhr

---

[1] aus: Querschnitt — 1972, H. 8, 7—9.

Dienstag, 8. 8.

8.00 Uhr	Vorbereitung Kindergottesdienst
9.00—9.45 Uhr	Kindergottesdienst der Schulanfänger Grundschule I
10.00 Uhr	Büro: Post, Telefonate, Verhandlungen mit Caritasverband über letzte Arbeiten vor Eröffnung des Kindergartens in der Obdachlosensiedlung
11.30 Uhr	kurze Besprechung mit Vikar über Termine der laufenden Woche
11.50—13.00 Uhr	Büro: Verschiedenes, u. a. 20-minütiges Telefonat mit einer Ehefrau über das gefällte Scheidungsurteil und seine Konsequenzen
14.30—15.00 Uhr	Besuch und Gespräch über Taufe eines dreijährigen Kindes, das jetzt getauft werden soll
15.00—17.00 Uhr	Besorgungen in der Stadt, Zeit für Gespräche mit dem Besuch
17.15 Uhr	Konferenz mit Vikar, Vorbereitung der folgenden Vorstandssitzung des Pfarrgemeinderates, Vorbesprechung der Tagesordnungspunkte
18.30 Uhr	Vorstandssitzung des PGR (Pfarrgemeinderat), Vorbereitung der folgenden Sitzung
19.30—22.30 Uhr	Pfarrgemeinderatssitzung
22.30—22.50 Uhr	kurze Besprechung mit dem Vorsitzenden der Caritasgruppe

Mittwoch, 9. 8.

8.30 Uhr	Besprechung mit jugoslawischem Theologiestudenten, für 3 Monate hier Werksstudent und in meinem Hause wohnend, über einen Gottesdienst im September für jugoslawische Gastarbeiter
9.00 Uhr	Kindergottesdienst für Schulanfänger Grundschule II
9.40 Uhr	Büro: Post, Telefonate, Verschiedenes
10.15 Uhr	Besprechung mit Vikar, Religionsunterricht im kommenden Schuljahr, Aufgabenteilung, Planungen für den Winter. Die Konferenz wird durch einige Besucher und Telefonate unterbrochen
12.35—13.00 Uhr	Büro: Verschiedenes
15.00 Uhr	Besuch des Obmanns der Alten- und Rentnergemeinschaft, Besprechung des Winterprogramms, verschiedene Anliegen
16.00 Uhr	Brautpaar, Terminabsprache für die Hochzeit und den Brautunterricht
16.30 Uhr	Büro: Verschiedenes

17.30 Uhr	Besuch beim 2. Vorsitzenden des KV, 10 Minuten Weg, Besprechung anliegender Probleme, Anfragen, Betriebsausflug im Herbst, auf dem Rückweg gegen
19.00 Uhr	zwei längere Gespräche auf der Straße: Vereinbarungen von Hausbesuchen. Rückkehr
19.45—23.00 Uhr	20 Minuten Fahrt zu zwei Hausbesuchen in der Nachbargemeinde

Donnerstag, 10. 8.

9.00 Uhr	Büro: Post, Telefonate, Verschiedenes
10.00 Uhr	Konferenz mit Priestern anderer Pfarreien, Überlegungen und Planungen zur Aktivierung des Pfarrverbandes, Planung einer wissenschaftlichen Untersuchung über Chancen der Pfarrverbände, Vorüberlegungen für einen Pastoralplan
12.15—12.50 Uhr	Büro: Verschiedenes
14.45 Uhr	Büro: 2 Besucher, Auskünfte über Taufe und caritative Anliegen
15.15 Uhr	Stadtfahrt, Besorgungen privat und beruflich, Besuch beim Caritasverband und kurze Besprechung dort
18.45—19.10 Uhr	Rückkehr, Büro, Telefonate, Besuch und Besprechung eines Tauftermins
19.40 Uhr	Büro: Verschiedenes, Tonband-Diktate
20.35—23.15 Uhr	Hausbesuch, 1. Kontakt zu einer Familie, Einladung zu einer spez. Mitarbeit in der Gemeinde

Freitag, 11. 8.

8.15 Uhr	Gottesdienst
8.45—8.55 Uhr	kurze Besprechung mit Küster
8.55—9.05 Uhr	Büro; erste Posteinsicht
9.30 Uhr	Krankenkommunion, Besuch bei sieben Kranken
11.00 Uhr	Krankenhausbesuch bei zwei Kranken
11.50 Uhr	auf dem Rückweg Besuch bei einer Familie, Sterbefall, Besprechung der Beerdigung
12.30 Uhr	auf dem Wege zur Schreinerei, Besprechung von Reparaturen im Jugendheim und Pfarrhaus
12.55 Uhr	Rückkehr, zwei Telefonate, kurze Zeit zum Mittagessen
13.45 Uhr	15 Minuten Fahrt zum Nachbarort, Besprechung in einer Schlosserei über neuerstellten Schaukasten

14.30 Uhr	zurück, Besuch der Obdachlosensiedlung und Besprechung mit Lagerverwalter über Wohnung der neuen Kindergärtnerin und Eröffnung des Kindergartens, Anmahnung noch fälliger Schreinerarbeiten im Kindergarten
14.50 Uhr	Büro, ein Telefonat
15.00 Uhr	Konvertiten-Unterricht
16.20 Uhr	Fahrt zur Obdachlosensiedlung, Besprechung mit Schreiner über Reparaturen
16.50 Uhr	Rückkehr, Büro: Besucher, Telefonate, Verschiedenes
17.15 Uhr	Konvertiten-Unterricht
18.25 Uhr	Büro: Besucher, Besprechung mit Vikar über Redaktion der Pfarrnachrichten, 15 Minuten Telefonat über Vortrag in einem Familienkreis, Verschiedenes
19.15 Uhr	der weitere Abend ist frei für persönliche Arbeiten und Studium, Unterbrechung am Abend zweimal durch Telefonate, Auskünfte

Samstag, 12. 8.

9.30 Uhr	Büro: Verschiedenes, Post
10.00 Uhr	Krankenkommunion, zwei Kranke
10.35—10.50 Uhr	Besorgungen im Ort
11.00 Uhr	Besprechung mit Malermeister, Anstrich im Jugendheim
11.30—12.45 Uhr	Büro, Plakate in der Kirche und im Schaukasten anbringen, Verschiedenes
15.00 Uhr	Predigtvorbereitung
16.00 Uhr	Beichte
17.00 Uhr	Ankunft der neuen Kindergärtnerin für den Kindergarten in der Obdachlosensiedlung, Besuch in ihrer Wohnung
17.45 Uhr	Gottesdienstvorbereitung
18.30—19.25 Uhr	Abendgottesdienst
19.45 Uhr	Brautpaar, kurzes Gespräch und Terminabsprache
20.10 Uhr	Büro: Verschiedenes
20.30—2.15 Uhr	Hausbesuch bei Vorstandsmitglied des PGR, Amtliches und Persönliches

Sonntag, 13. 8.

7.15 Uhr	Predigt- und Gottesdienstvorbereitung
8.00 Uhr	Gottesdienst in der Nachbargemeinde, 10 Minuten Weg
9.15 Uhr	Rückkehr und freie Zeit bis 11.00 Uhr
11.00 Uhr	Gottesdienst

150

11.45 Uhr	Gespräche mit Kirchenbesuchern auf dem Kirchplatz
12.10 Uhr	Studium von Tauftexten für eine Publikation
12.50–16.00 Uhr	Einladung bei einer Gastarbeiterfamilie, Mittagessen, Gespräche und Überlegungen für einen Abend mit Gastarbeitern in der Gemeinde
16.45 Uhr	Abfahrt mit Vikar zum Ferienort des Nachbarpfarrers im Sauerland, 100 km, Aufenthalt bis Montagabend, neben Spaziergang und Erholung Erarbeiten von Tauftexten, Taufbrief etc. für die künftige Taufpastoral in der Gemeinde

Montag, 14. 8.

| 18.30 Uhr | Rückkehr |
| 19.35–22.50 Uhr | Erweiterte Vorstandssitzung des PGR, Vorbereitung einer Wochenendtagung |

Welchen Eindruck diese Berufswirklichkeit auf eine Gruppe von Theologiestudenten machte, zeigen die folgenden Spontanäußerungen.

— Der arbeitet bis zum Umfallen — Herzinfarkt.
— Soviel Aktivitäten — aber warum soll ein Pfarrer das alles tun? Das ist nicht seine Aufgabe.
— Er arbeitet nur in der Defensive. Es liegt immer noch soviel an, daß er nie das Ende absehen kann. So kommt er nie dazu, offensiv und nach Plan zu arbeiten.
— Ob er wohl je das Gefühl von Erfolgserlebnis hat?
— Das ist eben die Realität. Wer soll denn sonst die Arbeit tun, die getan sein muß, wenn Gemeinde funktionieren soll?
— Für die Predigt hat er eine Stunde Zeit, und die erst am Samstagnachmittag.
— Ein Bürokrat und Manager. Für die spezifisch priesterlichen Aufgaben bleibt wenig Zeit.
— Die seelsorgerlichen Aufgaben scheinen den glatten Ablauf der organisatorischen Arbeiten zu stören.
— Er nimmt sich bewußt Zeit zum Gespräch, er sucht Kontakt und spricht mit seinen Mitarbeitern.

Dieser Wochenplan ist wenig attraktiv, weil der Pfarrer „Mädchen für alles" ist, zuviele verschiedene Tätigkeiten erledigen muß und dabei die berufsspezifischen vernachlässigen muß. Rand- und Kernleistungen sind nicht zu erkennen; Arbeit und Freizeit nicht zu unterscheiden. Verschwommen gehen die Ziele des Pfarrerberufs in einer „Immer-und-überall-im-Dienst-Mentalität" unter. Wenn sich aber in den vielen Funktionen des Pfarrerberufs sein besonderer theologischer Sachverstand und sein seelsorgerliches Engagement nicht mehr ausdrücken können, wird er fraglos am Verlust seiner Mitte sterben[2]. Diese Mitte aber ist eine schöpferische Tätigkeit: den Menschen zu dem zu verhelfen, was sie brauchen.

Wir möchten die von vielen Pfarrern in ähnlicher Situation geleisteten Arbeiten und Anstrengungen aus der Sicht junger Studenten nicht lächerlich machen. Es ist leicht, aus unbeteiligter und ungefährdeter Distanz zu kritisieren. Es ist gewöhnlich auch unfruchtbar und wenig kreativ. Wir möchten anregen zu sehen, was ist, und zu fragen, was geändert werden kann. Es kommt darauf an, sich an den Aufgaben und an der Situation zu orientieren und kreativ zu fragen: „Was tue ich in dieser Situation? Ist das, was ich tue, der Situation adäquat? Was kann ich aus dieser Situation machen? ... Eine der wichtigsten Voraussetzungen für die Kreativität ist die Bereitschaft, immer von neuem zu beginnen und nichts als definitiv oder als einen abgeschlossenen Prozeß zu sehen ... Es gibt keine bewußte Situation, an der man nicht kreativ partizipieren könnte."[3]

Diesem Ziel wollen die folgenden Überlegungen dienen. Sie geben in einem ersten Teil spontan geäußerte Anregungen wieder und fassen in einem zweiten Teil thesenartig einige Möglichkeiten kreativen Lebens zusammen.

2. WAS EINEM PFARRER GUT TÄTE

Auf dem Hintergrund der oben skizzierten Situation (Terminkalender) haben wir eine Gruppe von Theologiestuden-

---

[2] Zu dieser Problematik seien besonders empfohlen:
H. Rauschenberg: Pfarrer — Beruf ohne Praxis, in: Theologia practica 6 (1971) 61—64.
K. W. Dahm: Beruf: Pfarrer. Empirische Aspekte, München 1971, spez. 99—156 und 291—309.
[3] E. Landau: Psychologie der Kreativität, München 1971, 106 par.

ten, einen jüngeren und einen älteren Pfarrer um Antwort
auf die Frage gebeten:
„Was täte einem Pfarrer gut?"

Die Antworten der Studenten:
— Berufsfreude
— regelmäßige Freizeit
— mehr Feedback aus der Gemeinde
— interessante Menschen und viel Zeit zum Gespräch mit
  ihnen
— ein guter Freundeskreis
— Team von Pfarrern, in dem der einzelne nach seinen
  Fähigkeiten und Wünschen eingesetzt ist
— legitime Einseitigkeit
— Selbständigkeit
— Weiterbildung
— ein Buch über Kreativität
— aufmerksame Zuhörer
— Gefühl, gebraucht zu werden
— Berufshöhepunkte, Aufbruchserlebnisse
— Glaube an vergnügte Christen
— Glaube an vergnügte „Heiden"
— gute Mitarbeiter
— Hobbypflege
— Sport

Die Antworten des 30jährigen Pfarrers:
— Zeit zum Mittagessen
— einen Plan haben, aber nicht zum Sklaven des Plans
  werden
— Lektüre für die vielen Zwischenräume, um sie sinnvoll
  zu füllen
— Gespräche mit Andersdenkenden
— hinter dem Widerspruch anderer nicht immer sofort
  Kirchenfeindlichkeit oder Ablehnung des Christentums
  vermuten
— keine Totalidentifikation mit „Kirche"
— kein schlechtes Gewissen, wenn er sich als Privatperson
  fühlt und gibt

- Aufmerksamkeit vor den Gefahren klerikaler Ersatz-
  befriedigung: Bauen, Organisieren, guter Wein ...
- ein Kinobesuch
- keine Angst vor experimentellen Filmen
- Sport; nicht erst, wenn er anfängt, dick zu werden
- einen Artikel oder ein Buch schreiben oder hin und
  wieder eine Leserzuschrift an eine pastorale Zeitschrift
- in regelmäßigen Abständen theologische Buch-
  handlungen besuchen
- Bildungsreise
- Sinn für Festgestaltung
- Mitbrüder, die eine Hilfe, nicht eine Last sind
- mehr Ideen als die Gemeinde haben, oder wenigstens
  die guten Ideen der Gemeinde aufgreifen
- ein Bischof, der nicht immer sofort dazwischenredet

Die Antworten des 65jährigen Pfarrers
- hellhörig sein auf alles, was in seiner Umgebung gesagt
  wird und vor sich geht, ohne empfindlich zu sein
- Mut zum Besuch von Kursen, die ihn möglicherweise
  verunsichern bzw. seine Richtung aufs Spiel setzen
- die Erfahrung, daß Humor ein vorzügliches „Brecheisen"
  in schwierigen Situationen ist
- Mut zum Hinterfragen
- Mut zur Spontaneität, zum ungeschützten Wort
- gute Erfahrungen mit Dingen und Personen, die ihm
  „verrückt" erscheinen
- ein Kreis, in dem er seine Meinung riskieren und aus-
  probieren darf
- Umgang mit Gruppen, in denen es natürlich zugeht
- Zertrümmerung eigener Vorurteile
- Sinn für die Schönheit in Kunst und Natur
- Freiheit und Achtung gegenüber Normen und Gewohn-
  heiten in rechter Durchdringung
- daß ihm immer wieder die Schuppen von den Augen fallen

3. FÜNF THESEN ZU „KREATIVITÄT — EIN LEBENSPROGRAMM"

1. These: Kreatives Denken und Leben verlangen vom Pfarrer Schwerpunktarbeit und Delegation von Aufgaben. Verzettelung erstickt Kreativität.

Der Mangel an Mitarbeitern, der fehlende Vikar, die nachlassende Kraft im Alter, die vielen neuen Anforderungen, die zu den herkömmlichen noch hinzukommen (neue Gremien, soziologische Erhebungen, neue Karteien, Weiterbildung, Bauvorhaben), dieser Berg von Arbeiten liegt vor dem Pfarrer, und er muß sehen, wie er ihn überwindet.

Ein resignierendes Hinnehmen und Erdulden der Überforderung blockiert die Kreativität:

— Überforderung schafft Frustration, weil das angestrebte und ursprünglich intendierte Berufsziel durch die vielen fremden Arbeiten verdrängt wird. Diese Verdrängung bewirkt Unzufriedenheit, die oft in Nörgelei und negativer Kritik stecken bleibt. Solche Unzufriedenheit als Reaktion ist nicht schöpferisch.

— Überforderung entzieht dem Pfarrer die für schöpferische Tätigkeiten nötige Muße und Kraft zur Konzentration auf das „Wesentliche". Sie zwingt dem Leben eine Defensivhaltung auf, die selten zu produktiver Unzufriedenheit durchstößt. Zum Handeln nach dem Leitsatz „Angriff ist die beste Verteidigung!" reicht dann die Energie nicht mehr, die Zeit schon lange nicht.

— Überforderung gefährdet die Widerstandskraft, weil sie zu Resignation oder (und) Aggression führen kann. Resignation und Aggression aber verstellen den Blick für das Positive, für das, was auch noch möglich wäre.

Konzentration auf das Wesentliche fördert die Kreativität. Dazu einige Anregungen:

— Nehmen Sie von Zeit zu Zeit eine „organisatorische Gewichtskontrolle"[4] vor!

[4] W. Wilken: Ein Betrieb namens Kirche. Menschenführung in Kirche und Gemeinde, München 1973, 162.

- Fragen Sie sich: „Ist dies, was ich tue, eigentlich noch wert, daß ich daran arbeite?"
- Wenn nein, stoßen Sie diese Arbeit ab!
- Stellen Sie eine Prioritätenliste aller Ihrer Arbeiten auf! Fragen Sie sich: „Was kann von den Arbeiten, die bei kritischer Kontrolle weitergeführt werden müssen, an Mitarbeiter delegiert werden? Was muß ich sinnvollerweise selber tun?"
- Stellen Sie für Ihren Tagesablauf und Wochenplan aus den Ihnen gebliebenen Aufgaben wiederum eine Prioritätenliste auf, die in ihrem Arbeitsablauf Ihrem Stil und Arbeitsrhythmus entspricht!
- Übertragen Sie mit den Aufgaben auch die Verantwortung für diese Aufgaben!
- Umschreiben Sie bei Delegation von Aufgaben
  a) die Aufgabe,
  b) die Befugnis, die der Mitarbeiter braucht, um die Aufgabe zu erfüllen, und
  c) die Verantwortung, die sich aus Aufgabe und Befugnis ergibt![5]
- Befreien Sie sich von dem Irrtum, nur Sie selbst könnten und wüßten alles besser!
- Gestehen Sie Ihren Mitarbeitern zu, daß sie Fehler machen können!
- Sorgen Sie dafür, daß Ihre Mitarbeiter fachlich für ihre Aufgaben geschult werden und entsprechende Hilfen für die Ausführung der Arbeit bekommen!

2. These: Nur wenn der Prediger selbst Freude an seiner Sache hat, kann die Freude auf seine Hörer übergehen.

---

[5] Vgl. zum Begriff „Delegation": Menschenführung und Betriebsorganisation. Akademie für Fernstudium, Bad Harzburg 1969, H. 2, 6. — L. Hoffmann: Das Rationalitätsprinzip in der Seelsorge, in: Diakonia — Der Seelsorger 1 (1970), 30—40. Hoffmann bietet einen Fragebogen, mit dessen Hilfe der einzelne Pfarrer eine rationale Analyse seiner Tätigkeiten vornehmen kann und möglicherweise selbst Wege der Arbeitserleichterung und -verbesserung findet.
Vgl. auch: R. Kellerhoff/H. Schneider/W. Wessel: Mitarbeiter gewinnen — Mitarbeiter schulen, Limburg 1973.

Folgende Erfahrungen können dem Prediger seine Berufsfreude nehmen:

- der geringe Stellenwert des Glaubens in der Öffentlichkeit, erfahrbar in der geringen Veränderungskraft und großen Echolosigkeit des Glaubens,
- die Spannungen zwischen theologischem Anspruch und erfahrbarer Kirchenwirklichkeit,
- die Spannungen zwischen den Anforderungen an der Basis und den Ansprüchen von seiten der Kirchenleitungen,
- der Druck der Behörden und der Argwohn der Gemeinden bei Experimenten,
- die Entbehrlichkeit, die Christen durch ihr Desinteresse an Kirche und Gottesdienst dem Pfarrer bescheinigen,
- die vielen geforderten Reformen, die unbeweglichen Apparate und die mangelnde Befähigung für die notwendigen Veränderungen[6],
- die guten Freunde, die in schwierigen Situationen fehlen.

Diese vielfältigen Spannungen, die auf Grund von offener Anfechtung von außen und innen und scheinbar vergeblichem Arbeiten entstehen, gleichen der paulinischen Erfahrung der Schwäche (vgl.: 2 Kor 4,6-11). Paulus ließ sich durch sie zu einem unbezwingbaren Dennoch herausfordern. Er wehrte sich im Blick auf seine Hoffnung gegen Unlust, Verdruß, Reizbarkeit, schlechte Laune, mürrisches Wesen, Amtsmüdigkeit, Kleinlichkeit, geistige und geistliche Trägheit. Gelähmter Glaube und getrübte Freude sind schlechte Helfer in der Verkündigungsarbeit. „Kein Mann, dem seine Sache nicht Spaß macht, darf erwarten, daß sie irgendjemand sonst Spaß macht" (B. Brecht). Nicht Zweckoptimismus, sondern der Glaube an die Kraft des Herrn und seines Wortes setzten in Paulus Kräfte frei, die Christen seiner Gemeinden auf dem Weg zum Herrn durch alle Schwierigkeiten hindurch mitzureißen. Weil er selbst begeistert war, konnte er andere begeistern. Augustinus: „In dir muß brennen, was du in anderen entzünden willst."

---

[6] Vgl. H. Rauschenberg a. a. O. und K. W. Dahm a. a. O.

3. These: Die Möglichkeit freier Meinungsäußerung und die Freude an Experimenten fördern die Kreativität.

Die kirchliche Mentalität[7] kann auf einen Außenstehenden wie ein eng abgegrenzter geistiger Luftkorridor wirken. Die sich darin bewegen, dürfen ihn nicht verlassen. Folgende Verhaltensweisen der Menschen in diesem Korridor lassen sich beobachten: Die Menschen dort

- halten lieber etwas für wahr, als daß sie Mut zum Fragen aufbringen,
- sind auf die Erfüllung von Minimalbedingungen ausgerichtet,
- sind in ihrem Leben weit entfernt vom Anspruch der Lehre, an die sie glauben,
- sind in durchschnittlichen Lebenssituationen nicht durchdrungen von ihrem Glauben und handeln deswegen auch nicht anders als Nichtchristen,
- zeigen wenig Initiative, Überzeugungskraft, Entscheidungsfreudigkeit, Phantasie und Einfallsreichtum,
- sind oft mürrisch und vertrotzt,
- zeigen wenig Mut zu selbständigem Denken, bohrendem Fragen und spontanem Reden,
- halten Bravheit für ein Gebot und scheuen den Konflikt,
- sie verdächtigen das Materielle,
- und leben auch nicht mehr als andere Menschen aus ihrem Hauptgebot, der Liebe, die lebendig und nachdenklich macht und zu Aufmerksamkeit, Rücksicht, Feingefühl, Verständnis, Sinn für Maß und Angemessenheit und Phantasie für das jetzt Erforderliche drängt.

Dieser enge Horizont hält den Blick des Predigers gefangen. Er sieht, was ist und sein muß, aber nicht, was sein könnte. Die für Kreativität notwendige Freiheit des Denkens und Experimentierens, des Fehlermachens und Lernenwollens fehlt. Das soziale Klima erstickt die Kreativität. Denn Angst vor Kontrolle und — bei selbständigem Weg — Angst vor

---

[7] Vgl. A. Görres: Pathologie des katholischen Christentums, in: Handbuch der Pastoraltheologie Bd II/1, Freiburg 1966, 277—343; bes.: 292—315.

Einsamkeit und Vereinsamung, der Hang zur Abhängigkeit und die nicht zu unterschätzende Schwerkraft der Trägheit des Menschen[8] sind Hindernisse auf dem Weg zur Kreativität.

4. These: Offenheit und Mitteilungsfreudigkeit bereichern das Leben und schenken neue Ideen.

Auf die Frage „Wodurch wird man kreativ?" antwortet E. Landau: „Indem man offen, aufgeschlossen der Umwelt gegenüber ist, sich von ihr herausfordern läßt, sich mit ihr auseinandersetzt, um ein Teil von ihr zu werden."[9] Diese Offenheit hat konkrete Formen:

Der kreative Prediger ist *offen gegenüber neuen Ideen.*
Er hat durchaus seine eigene Meinung und seinen Standort, und er ist auch bereit, in der Predigt „ich" zu sagen. Bei seiner gesunden Selbstüberzeugung aber kann er zugeben, daß er nicht alles weiß und noch vieles lernen kann. Vorurteile, Klischees und Betriebsblindheit — die Brille des eigenen Systems — verschließen die Aufnahmebereitschaft. Andere Wertsysteme und Weltanschauungen können verunsichern. Dieser Preis jedoch ist zu bezahlen, wenn man zu neuen Erkenntnissen kommen will. Deshalb betrachtet der kreative Prediger seine Urteile als vorläufige Urteile. Er wehrt sich bewußt gegen die Täuschung, daß das, was ihm gefällt, auch allen anderen gefallen müßte. Weil er selbstkritisch ist und gerne fragt, erfährt er vieles, was ihm neu ist.

Der kreative Prediger ist *offen gegenüber seinen Mitmenschen.*
Die freie Kommunikation mit anderen Menschen und mit anders denkenden Menschen fördert die Kreativität. Allerdings ist diese Kommunikation keine Selbstverständlichkeit. Sie verlangt vom Prediger, daß er sich

[8] Vgl. H. Cox: Der Christ als Rebell oder Streitreden wider der Trägheit, Kassel 1967, 24—33. — D. Sölle: Tod und Zukunftsgestaltung. Wo gehen wir hin? Können wir uns auf unsere Kräfte verlassen?, in: Worauf ist Verlaß? Bibelarbeiten und Vorträge vom 15. Deutschen Evangelischen Kirchentag Düsseldorf 1973, Stuttgart 1973, 76—83.

[9] E. Landau: a. a. O.: 106.

so gut wie möglich in den Gesprächspartner hineindenkt und zu erkennen versucht, wie jener die Wirklichkeit sieht, erfährt und wiedergibt. Der enge Blick
durch die Brille des eigenen Systems führt leicht zu
verminderter Wahrnehmungsfähigkeit. Die Mitteilungen
des Gesprächspartners werden zu leicht durch Dogma-
tisieren, Moralisieren und Verallgemeinerungen in
ihrem Aussagewert verkannt. Deswegen bemüht sich
der kreative Prediger, ein guter Zuhörer zu sein. Er
diskutiert gern, beobachtet gut, hat Freude am Detail
und betrachtet seinen Partner mit unbefangenem Blick.
Er hofft, in seinem Mitmenschen und seiner Umwelt
dem Anspruch Gottes zu begegnen. So findet er
manchmal im Gespräch überraschend plötzlich die
Idee für eine Predigt.
Bei aller Offenheit sucht der kreative Prediger sich selbst
treu zu bleiben. Darunter ist weniger die Treue zu bestimmten Prinzipien zu verstehen als vielmehr die Treue
zu einer Lebenshaltung, die sich so umschreiben läßt:
Der kreative Mensch bleibt sich selbst gegenüber auf der
Hut, damit das, was einmal ein schöpferischer Vorgang
war — nämlich der zu werden, der er nun ist —, nicht zu
einem Akt der Resignation und Feigheit wird — nämlich so
zu bleiben, wie er geworden ist. Der kreative Prediger
möchte beweglich bleiben. Diese geistliche Gespanntheit
bringt Spannung ins Leben. Deswegen hat der kreative
Prediger nie Langeweile, er sucht die Muße und hat bei
aller Arbeit Zeit zur kritischen Reflexion sich selbst und
seiner Aufgabe gegenüber.

5. These: „Du kannst nicht zugleich ein bequemes und interessantes Leben führen."[10]

Die für ein interessantes und kreatives Leben notwendige
Voraussetzung faßt B. Shaw in dem dichten Wort zusammen: „Manche Leute sehen die Dinge und fragen: Warum.
Ich träume Dinge, die es nie gab, und frage: Warum
nicht."

---

[10] R. u. H. Hauser: Die kommende Gesellschaft, München 1971, 309—327.

Diese Haltung verspricht ein interessantes Leben. Sie flieht nicht in unfruchtbaren Träumen und Wunschbildern aus der Realität; sie sieht im Entwurf, wie das Leben eigentlich sein könnte. Und sie arbeitet an der Verwirklichung dieses Entwurfs. Hindernisse erschweren diesen Weg:

- die verderbliche Selbstzufriedenheit, die bürokratische Ungerechtigkeit und die institutionalisierte Routine,
- die Gleichgültigkeit und Trägheit, die laue Weigerung, so zu leben, wie es verantwortliches Menschsein erfordert, und
- die stumpfe Entschlossenheit, im Trott des „da kann man doch nichts machen" weiterzugehen.

In dieser Trägheit gibt der Mensch den Anspruch auf, der in seiner Würde als Mensch liegt: voll die Verantwortung für das Mögliche zu übernehmen und einen Teil der Gottebenbildlichkeit zu verwirklichen, indem er sich die Erde untertan macht. Die Geistesschwere unterdrückt die Lebensfreude und fördert die Langeweile. Der geistig träge Mensch lebt nicht mehr, er wird gelebt; er handelt nicht mehr, er wird behandelt; er agiert nicht mehr, er reagiert nur noch; er plant nicht mehr, er wird verplant. „Wir haben es überaus schwer mit unseren Verpflichtungen", schreibt M. Holub, „auch wenn sie Frucht der Freiheit sind. Wie selten vermag man ein Buch mit demselben Gefühl der Vollkommenheit fertig zu schreiben, mit dem man es begonnen hat. Wie schwierig ist es, eine Freundschaft mit derselben Sauberkeit fortzusetzen, mit der sie anfing. Wie schwierig ist es, den Bau unseres Schuppens mit ebenso präzis zugeschnittenen Brettern zu beenden, wie es die beiden ersten waren!"[11]

Gegen die Trägheit und Apathie ist zäher Wille zur Änderung und Veränderung nötig, die der Prediger unmöglich auf die Predigtarbeit allein beschränken darf: Kreative Predigtarbeit ist eingebunden in soziale Kreativität. Diese aber verlangt:

---

[11] M. Holub in einem Theaterprogramm zu dem Stück von P. Kohut: „August, August, August".

- Initiative zu entfalten, um das Stadium des Gelähmtseins zu durchbrechen und andere zum Fortschritt zu begeistern,
- nicht vorschnell bei auftretenden Schwierigkeiten zu resignieren, sondern lieber zu sagen: „Und sie bewegt sich doch!"
- Widerstände auf konstruktive Weise zu überwinden,
- etwas zu tun gegen das, was den Unwillen erzeugt, nicht nur dagegenzusein und dagegenzureden,
- den Unwillen über schlechte Zustände in den Mut zu verwandeln, das auszuführen, was die Zustände verbessert,
- die Verbesserungsanstrengungen anderer mit der wärmenden Kraft der Zustimmung zu begleiten,
- seine Anlagen bis zum Maximum zu fördern,
- reich werden zu wollen durch Geben und nicht durch Nehmen,
- den Appetit auf volles Leben durch Gespräche mit Gleichgesinnten zu erhalten,
- schmerzhafte Enttäuschungen, Einsamkeit und negative Kritik einzukalkulieren und sich den langen Atem zu bewahren,
- in Zähigkeit auf Erfolg zu hoffen,
- Erfolge zu feiern und bewußt zu machen und
- großzügig andere an den eigenen Ideen teilnehmen zu lassen.

4. CHECKLISTE FÜR DEN PREDIGER

1. Versuchen Sie, Ihre gegenwärtige Situation als Prediger so genau wie möglich einzuschätzen!
2. Haben Sie Mut zur Konzentration, auch wenn dadurch viele Arbeiten liegen bleiben, die auch getan werden könnten und müßten!
3. Versuchen Sie bei der Auswahl Ihrer Arbeiten auch nach dem Spaßprinzip vorzugehen!
4. Bringen Sie möglichst viele Ihrer Anlagen zu optimaler Entfaltung!
5. Fürchten Sie das ungelebte Leben!

6. Erweitern Sie Ihr Wissen, wo und wie Sie nur können!

7. Vertrauen Sie auf Ideen und machen Sie trotz vieler Widrigkeiten das aus ihnen, was aus ihnen werden soll! Halten Sie dabei durch bis zum Ende!

8. Steigern Sie Ihre Sensibilität gegenüber Impulsen und Ideen!

9. Haben Sie Achtung vor jedem Einfall und pflegen Sie ihn wie eine junge Pflanze!

10. Kultivieren Sie in Ihrer Umgebung eine schöpferische Atmosphäre!

11. Fördern Sie Selbständigkeit und Aktivität in Ihrem Mitarbeiterkreis!

12. Delegieren Sie Verantwortung und Aufgaben!

13. Informieren Sie Ihre Mitarbeiter über Voraussetzungen und Methoden der Kreativität!

14. Bauen Sie Angst ab, damit freie Meinungsäußerung möglich ist!

15. Machen Sie sich bewußt, daß die Predigt innerhalb des kirchlichen Erneuerungsprozesses ein motivierendes Element ist! Nehmen Sie die Predigt ernst und predigen Sie das nächste Mal mit mehr Freude und Elan!

16. Kommt Ihnen eine Idee, notieren Sie sofort diese Idee! Legen Sie sich eine Ideenkartei an!

5. MUT ZUR KREATIVITÄT: DREI ERZÄHLUNGEN

„Vielseitiger denken — einfallsreicher predigen" — dieses Ziel ist nicht nur den außerordentlich Begabten in der Kirche vorbehalten. Das haben die Ergebnisse der Kreativitätspsychologie erwiesen: Jeder besitzt schöpferische Gaben, die in begrenztem Rahmen sehr wohl trainierbar sind. Die Aussage, Kreativität sei nur etwas für Genies, kann ein Alibi der Bequemlichkeit und Lernunwilligkeit sein. Es kann deshalb nie zu spät sein, ein kreativer Mensch zu werden. Folgende drei Erzählungen möchten dazu ermutigen.

Als James B. Conant Rektor der Harvard-Universität war, nahm er nicht nur viele, geradezu revolutionierende Ver-

änderungen in der Hochschulpolitik, der Verwaltung und den Lehrplänen vor, sondern er wurde auch über die Harvard-Universität hinaus zu einer richtungsweisenden Kraft für das Erziehungswesen der Vereinigten Staaten, zu einer Quelle neuer, herausfordernder Ideen. In seinem Büro hatte er das Bild einer Schildkröte hängen mit folgendem Text: „Nimm Dir ein Beispiel an der Schildkröte! Sie kommt nur vorwärts, wenn sie ihren Kopf unter ihrem Schild hervorstreckt."[12]

Ein Industrieunternehmen stand kurz vor seinem Zusammenbruch, weil es seit Jahren nichts Neues entwickelt hatte. Der Leiter rief in dieser aussichtslosen Lage seine Ingenieure zusammen, erklärte ihnen die Situation und bat sie, neue Ideen zu entwerfen. Im nächsten Monat brachten die Ingenieure einige gute Vorschläge mit der Bemerkung, sie hätten gar nicht gewußt, daß man das von ihnen erwarte: kreativ zu sein.[13]

Und auch dies ist ein Beispiel: Ein Mann, der auf Reisen gehen wollte, rief, ehe er aufbrach, seine Knechte zusammen und übergab ihnen alles, was er besaß: Dem einen fünf Goldstücke, dem anderen zwei, dem dritten eins ... jedem nach seiner Fähigkeit. Als er fort war, machte sich der Knecht, der fünf Goldstücke erhalten hatte, sogleich ans Werk, arbeitete mit seinem Geld und gewann fünf Goldstücke dazu; und auch der Knecht, der zwei Goldstücke erhalten hatte, verdoppelte sein Gut. Der dritte Knecht aber grub ein Loch in die Erde und versteckte darin das Goldstück, das er empfangen hatte: das Geld seines Herrn.
Als der Herr nun nach langer Zeit heimkehrte und mit seinen Knechten abrechnen wollte, trat als erster der Knecht vor, der fünf Goldstücke erhalten hatte, und brachte seinen Gewinn: „Herr", sagte er, „fünf Goldstücke hast du mir anvertraut, und diese fünf hier habe ich dazuverdient."
Da sagte der Herr: „Ich sehe, du bist ein guter und zuverlässiger Knecht, und weil du treu im Kleinen warst, will ich

---

[12] Vgl. C. H. Clark: Brainstorming, a. a. O. 15.
[13] Vgl. E. Landau: a. a. O. 93.

dir Großes anvertrauen. Komm mit mir, das Fest wartet auf uns."

Dann kam der Knecht, der zwei Goldstücke erhalten hatte, und sagte: „Herr, zwei Goldstücke hast du mir anvertraut, und diese zwei hier habe ich dazuverdient!"

Da sagte der Herr: „Ich sehe, du bist ein guter und zuverlässiger Knecht, und weil du treu im Kleinen warst, will ich dir Großes anvertrauen. Komm mit mir, das Fest wartet auf uns."

Schließlich trat der Knecht vor, der das eine Goldstück empfangen hatte, und sagte: „Herr, ich wußte, daß du hart und unbarmherzig bist: Ernten willst du, wo du nicht sätest, und scheffeln, wo du keine Saat ausgestreut hast! Ich hatte große Angst vor dir: Deshalb habe ich dein Goldstück in der Erde vergraben. Hier hast du es; es gehört dir!"

„Du Nichtsnutz! Faulpelz!" rief da der Herr, „du träger Mensch! Du wußtest, sagst du, daß ich ernte, wo ich nicht gesät, und scheffle, wo ich keine Saat ausgestreut habe? Dann hättest du mein Geld den Wechslern geben müssen, damit es Zinsen hecke und ich es bei meiner Rückkehr wiederbekäme: und zwar mit Gewinn! Auf! Nehmt ihm das Geld ab! Gebt es dem Knecht, der die zehn Goldstücke hat!

Denn wer hat, bekommt mehr,
und mehr als genug,
und wird im Überfluß haben."[14]

---

[14] Mt 25, 14—29; übersetzt von W. Jens: Am Anfang der Stall — am Ende der Galgen: Jesus von Nazareth, Stuttgart 1971.

Literatur zum Thema

1. G. Ammon (Hrsg.): Gruppendynamik der Kreativität, Berlin 1972
2. Ch. Bartels: Aus erster Hand. Plädoyer für das Elementare im öffentlichen und privaten Leben, Stuttgart 1971
3. U. Beer / W. Erl: Entfaltung der Kreativität, Tübingen 1972
4. E. de Bono: Das spielerische Denken, München 1968
5. E. de Bono: Laterales Denken, Hamburg 1971
6. W. Ebert: Kreativität und Kunstpädagogik, Düsseldorf 1973
7. M. Josuttis: Über den Predigteinfall, in: Evangelische Theologie 30 (1970), 627—642
8. A. Kaufmann / A. Drevet: Moderne Methoden der Kreativität, München 1972
9. W. Kirst / U. Diekmeyer: Creativitätstraining, Stuttgart 1971
10. A. Koestler: Der göttliche Funke. Der schöpferische Akt in Kunst und Wissenschaft, Bern / München / Wien 1966
11. E. Landau: Psychologie der Kreativität, München / Basel 1969
12. I. Meckling: Kreativitätsübungen im Literaturunterricht der Oberstufe, München 1972
13. G. Mühle / Ch. Schell (Hrsg.): Kreativität und Schule, München 1970; darin bes.: J. P. Guilford: Kreativität, S. 13—36; ders.: Grundlegende Fragen bei kreativitätsorientiertem Lehren, S. 139—164; E. P. Torrance: Die Pflege schöpferischer Begabung, S. 181—194
14. H. Quiske / St. J. Skirl / G. Spiess: Denklabor Team. Konzept für kreative Problemlösungen in Forschung, Verwaltung und Industrie, Stuttgart 1973
15. J. Sikora: Die neuen Kreativitäts-Techniken, München 1972
16. G. Ullmann: Kreativität, Weinheim / Berlin / Basel 1968
17. G. Wollschläger: Kreativität und Gesellschaft, Frankfurt 1972

Register der Predigten

Homiletische Arbeitsgruppe
Heribert Arens, Franz Richardt, Josef Schulte

Positiv predigen
Homiletische Hilfen und Beispiele
120 Seiten, Pbck., DM 12,80, Bestell-Nr. 71 315

Ist Lebensfreude kein Thema für die Kirche? Dieser Frage
gingen die Autoren nach. Der Trend zum Positiven — z. B.
im Bereich christlichen Lebensvollzugs — sollte auch in der
Verkündigung wirksam werden. Das Buch will den Prediger
die positiven Ansatzpunkte für die Predigtarbeit erkennen
lassen und sie ihm nutzbar machen. Er findet hier das ‚Wie‘
einer positiven Verkündigung und lernt, das Evangelium —
die Frohe Botschaft — befreiend, überraschend, erfrischend
zu verkündigen. Er lernt: Positiv predigen!

Wolfhart Pannenberg

Gegenwart Gottes
Predigten
200 Seiten, Pbck., DM 18,—, Bestell-Nr. 61 128

Dem Leser wird besonders die klare Sprache gefallen, mit
der Pannenberg schlicht, unmittelbar und engagiert vor der
Gemeinde über Glaubensfragen spricht.
Jede theologische Schule entwickelt ihren eigenen Predigt-
stil. Wer das hohe Niveau der wissenschaftlichen Arbeiten
Pannenbergs kennt, wird sich ein Bild machen wollen, wie
sich seine Theologie auf die Predigten auswirkt und sich
freuen über die geleistete und glänzend gelungene ‚Übersetzung‘, die der theologischen und kirchlichen Öffentlichkeit mit diesem Buch vorliegt.

Claudius Verlag · 8000 München 19